개성상인의 탄생

일러두기

- 인명, 지명 등은 원칙적으로 한글 맞춤법에 따랐다.
- 전집이나 단행본, 정기간행물은 『 』, 신문이나 잡지, 연구보고서 등은 「 」로 표기했다.
- 원서의 경우 번역본이 있으면 우리 식으로 표기하고, 번역본이 없으면 원서 그대로 표기했다.

개성상인의 탄생

세계 최고(最古)의 복식부기를 만든 사람들

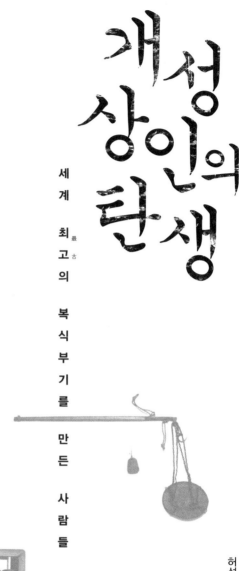

허성관 지음

만권당

세계에서 가장 오래된 복식부기, 박영진가 장부를 읽는다

2005년 봄, 몇 사람이 마포에 모여 개성상인 후예인 박영진 씨 가문에서 보관해오던 우리 고문서를 살펴볼 기회가 있었다. 분량이 상당히 많긴 했지만, 이 문서는 한자로 쓴 회계 장부가 분명했다. 방대한 우리 옛 회계 장부가 처음으로 세상에 모습을 드러낸 것이다. 그러나 한자 초서(草書)가 많이 포함되어 있어 초서 전문가가 아니면 읽기 어려웠다. 초서를 해서(楷書)로 바꾸는 탈초(脫草) 작업을 거친 다음에야 한자를 아는 일반인도 읽을 수 있는 장부였다. 다행히 정부 예산을 확보해 한국학중앙연구원 전성호 교수 주관으로 탈초 작업에 들어갔고, 2010년 초에 탈초를 완료했다.

전성호 교수, 정기숙 계명대학교 명예교수, 제임스 루이스(James E. Lewis) 영국 옥스퍼드 대학 교수와 저자가 이 장부를 분석해 복식부기

(複式簿記, double-entry bookkeeping)임을 확인했다. 사실 일반인들은 복식부기의 중요성을 잘 모른다. 오늘날 기업 장부는 모두 복식부기다. 장부는 기업 경영 실상을 집약해 기업 이해관계자에게 정보를 제공한다. 복식부기 장부가 없다면 기업도 존립할 수 없다. 장부 없이는 기업이 어떻게 돌아가는지 알 수 없기 때문이다. 기업이 없는 자본주의는 상상할 수 없다. 따라서 복식부기 없이는 자본주의가 존재할 수 없다.

오늘날 우리가 활용하는 복식부기는 서양에서 전래된 것이다. 그러나 우리나라에도 고려시대에 복식부기가 발명되어 사용된 것으로 전승되어 왔다. 현병주(玄丙周, 1880~1938) 선생이 1916년에 우리 복식부기 원리에 관한 책을 저술한 이래 우리나라에도 고유한 복식부기가 있었는지에 대한 여러 연구가 있었다. 이들 연구는 단편적인 옛 장부를 분석했다. 연구의 결론은 우리 전래 장부가 복식부기인 것으로 보이나 확신할 수는 없다는 것이었다. 복식부기에 의한 기장 전 과정인 분개·전기·결산 내용을 포괄하는 완전한 장부가 발견되지 않아 종합적인 분석이 불가능했기 때문이다. 박영진가 장부는 완전한 복식부기 장부다. 우리 전통 회계인 개성부기(開城簿記)로 알려진 사개송도치부법(四介松都治簿法)이 박영진가 장부 분석 결과 복식부기로 최종 확인된 것이다.

박영진가 장부는 복식부기의 기원이 동양은 한국, 서양은 이탈리아임을 확정했다고 할 수 있다. 우리나라에서 자본주의 존립을 가능하게 하는 복식부기가 기원했기 때문에 박영진가 장부는 위대한 우리 문화유산이다. 특히 박영진가 장부는 현전하는 세계에서 가장 오래된 완전한 복식부기 장부다. 이런 연유로 문화재청은 이 장부를 2014

년 '개성 복식부기 장부'로 명명하고, '등록문화재 587호'로 지정했다.

박영진가 장부는 중간에 결락된 부분이 있지만, 1887년 8월 15일부터 1912년 4월 15일까지의 거래를 기록했다. 이 기간은 조선이 국권을 상실해가는 격동의 시기인 동시에 암울한 시기였다. 필자는 박영진가 장부를 분석하는 논문을 쓰면서 이 장부가 복식부기일 뿐만 아니라 여러 가지 현대 자본주의적 사고를 반영하고 있으며, 현대 경영기법을 활용하고 있음을 발견했다. 박영진가는 개별원가계산, 기회원가, 사내 이전가격, 위험 분담, 상생경영, 신용 위주 경영, 동기유인과 보상 등의 개념을 알고 있었으며, 이들 개념들을 실제 경영에서 활용했다. 사실상 서양 자본주의 경영보다도 앞서 자본주의적 개념을 실제 경영에 적용한 것이다.

그동안 개성상인들은 이재(理財)에 밝고, 신용을 생명처럼 소중하게 생각하는 상인 집단으로 전승되어 왔다. 박영진가 장부에 투영된 자본주의적 사고와 실천은 세계에 앞서 가는 개성상인들의 모습이었다. 우리가 몰랐던 개성상인들의 모습이 기록으로 세상에 처음 알려진 것이다. 개성상인의 새로운 탄생이라 할 수 있을 것이다. 우리 모두가 공유하고, 널리 알리고, 본받아야 할 사례다. 이는 우리나라 경제사학계 일부에서 주장하고 있는 식민지 근대화론을 정면으로 반증(counterevidence)하는 증거다. 일제 강점기에 우리가 근대화되기 시작했고 자본주의가 도입되었다는 것이 식민지 근대화론의 핵심이다. 박영진가 장부에는 일제 강점기에 들어가기 전에 개성상인이 자본주의적으로 사고하면서 경영했던 내용이 담겨 있다. 따라서 개성상인의 자본주의적 사고의 연원을 탐색하는 연구는 우리 경제사 연구의 지평을

넓히는 데 큰 역할을 할 것이다.

이 책에서는 저자가 쓴 논문들을 종합하고 개성상인의 자본주의적 사고 연원을 개괄적으로 탐색했다. 오래전부터 우리 고유의 복식부기가 있었고, 그 속에 자본주의적 사고가 투영되어 있었다는 사실을 독자들에게 알리고자 이 책을 썼다. 제1장에서 제3장까지는 우리 전통 회계의 탁월함과 복식부기가 자본주의에서 왜 중요한지에 관해 기술했다. 제4장에서는 박영진가 장부가 복식부기임을 논증했다. 제5장에서는 박영진가 장부에 나타난 현대 자본주의적 사고와 경영 기법들을 구체적으로 설명했다. 제6장에서 제8장까지는 우리 역사에서 자본주의적 사고의 연원을 고찰했다. 중국 춘추시대 관중(管仲, 서기전 725~645)의 경제 사상, 조선 후기 실학의 개혁사상, 동양 고전이 서양 자본주의 사상에 미친 영향들이 우리 자본주의적 사고의 연원이 될 수 있을 것이다. 사실 복식부기는 별도로 공부하지 않으면 알기 어려운 분야이므로 복식부기를 모르는 독자는 제4장을 생략하고 읽어도 전체적인 내용을 이해하는 데 문제가 없을 것이다.

독자 여러분의 아낌없는 질정을 기대한다.

2018년 8월
한가람역사문화연구소에서
是伯 허성관 記

차례

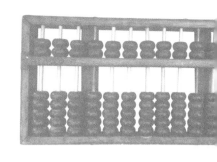

제1장

경제 활동과 회계

기업, 정부, 비영리기관 등 모든 조직의 경제 활동은 거래(transaction)로 나타난다. 그리고 거래는 회계로 집약된다. 우리나라처럼 회계를 강조하고, 정교한 회계 시스템을 창안하고, 다양하고 많은 회계 기록을 남긴 나라는 없다. 개성부기로 알려진 사개송도치부법은 개성상인들이 창안한 복식부기다. 조선왕조 정부 회계에서 시행한 다양한 내부통제제도(internal control system)는 오늘날보다 오히려 우수하다. 민간 비영리조직인 계(契)의 장부인 용하기(用下記)는 300년 이상 같은 원리에 따라 기록되었고, 현재까지 전해지고 있다. 먼저 회계의 중요성과 조선 정부·비영리조직의 회계 전통을 살펴보자.

회계는 기업 경영의
공기다

회계에 종사하는 사람들을 제외하고는 회계는 어려워서 전문가나 알 수 있는 분야라고 생각한다. 반면 어떤 사람들은 회계를 별 볼일 없는 분야라고 치부하기도 한다. 회계를 잘 안다고 해도 기껏 회사에서 경리나 볼 것이라고 대수롭지 않게 생각한다. 경리는 잘해야 부장으로 끝나고 사장 되기는 어렵다고 무시한다. 결국 경리는 남 뒤치다꺼리하는 자리에 불과하다고 가볍게 본다. 어떤 사람은 회계를 요상하다고 생각한다. 출신 지방에 따라 학생들이 회계를 '회개' 또는 '해괴'로 발음한다고 한 회계학 교수가 우스개를 한 적이 있다. 그러나 사실 이 발음들이 회계의 속성을 반영한다. 매년 이익이 얼마나 났는지는 회계를 통해서 알 수 있기 때문에 경영 성과를 '회개'하는 셈이다. 같은 거래를 어떻게 회계 처리하느냐에 따라 이익이 엄청나게 달라질 수 있기 때문에 '해괴'하게 보이는 측면도 있다.

우리나라를 대표하는 기업인 삼성전자, 현대자동차, 포스코에 회계 장부가 없다고 상상해보자. 이들 기업의 주주인 투자자들은 자신이 투자한 회사가 어떻게 돌아가고 있는지 아무것도 알 수 없다. 은행들은 이 회사들에게 대출해도 좋은지 판단할 근거가 없다. 이들 회사

제품 소비자들은 나중에 서비스를 제대로 받을 수 있을지 확신할 수 없어 구입을 망설이게 될 것이다. 납품하는 협력업체들은 대금을 제때 받을 수 있을지 알 수 없고, 취직하려는 청년들도 이들 회사가 좋은 회사인지 나쁜 회사인지 판단할 수가 없다. 국가 역시 판단 근거가 없어 세금을 매길 수 없다. 경영자들은 회사가 어떻게 돌아가는지 알 수가 없어 뭔가 결정을 내리기가 사실상 불가능할 것이다. 주주, 채권자, 소비자, 협력업체, 국가, 종업원, 경영자 등 기업과 이해관계가 얽혀 있는 사람들은 회계 장부가 없는 기업과는 거래하지 않을 것이다. 회계 장부가 없으면 그 기업에 관한 아무런 정보가 없기 때문이다.

기업의 경제 활동은 거래로 나타난다. 사고, 팔고, 투자하는 것은 물론 거래다. 사람을 고용하는 것은 인적 자본을 구매하는 거래다. 본사 건물을 신축하는 것은 영업용 자산에 투자하는 거래다. 모든 거래에는 돈이 오간다. 이런 거래들을 빠짐없이 체계적으로 기록해두지 않으면 회사 돈이 어떻게 돌아가고 있는지 알 수가 없다. 그런데 삼성전자 같은 대기업에서는 하루에 몇 건이나 거래가 일어날까? 셀 수 없이 많다. 그러므로 이 많은 거래를 어떻게 체계적으로 기록해서 일목요연하게 요약하느냐가 매우 중요하다.

돈을 벌기 위한 기업 활동이 거래다. 기업 주인의 일차적인 관심사는 지난해에 기업이 돈을 얼마나 벌었느냐, 즉 이익이 얼마나 났느냐 하는 것이다. 그다음은 현재 기업이 가지고 있는 것이 얼마이고 남에게 줄 것이 얼마인지를 알고 싶을 것이다. 기업이 가지고 있는 금액에서 남에게 줄 것을 뺀 나머지가 주인의 몫이기 때문이다. 기업이 일정 기간 번 이익이 당기순이익(net income)이다. 월별, 분기별 또는 연간 당기순이익을 계산할 수 있어야 한다. 특정일 현재 기업이 가지고 있는 것이 자산(asset)이다. 건물·토지·자동차 등 구체적인 형태가 있는 것, 주식·채권·예금 등 금융자산, 대여금과 외상 매출금 등 회수해야 할 채권과 현금 등이 자산이다. 남에게 갚아야 하는 것이 부채(liability)다. 자산에서 부채를 뺀 것이 자본(equity 또는 net worth)이다. 자본이 기업 주인의 몫이다. 자신이 투자한 금액에 투자 이후 기업이 벌어들인 이익에서 찾아 쓰지 않고 기업에 남아 있는 이익을 더한 것이 기업 주인의 몫이다.

기업에서 일어나는 모든 거래를 체계적으로 분류해서 기록한 다음 최소한 1년에 한 번은 당기순이익이 얼마나 났고, 연말 기준으로 자산, 부채, 자본이 얼마인지를 파악하는 것이 회계의 역할이다. 이 과정을 기록한 문서가 회계 장부다. 당기순이익을 계산하는 문서가 손익계산서(income statement)이고, 자산, 부채, 자본이 각각 얼마인지를 정리한 문서가 대차대조표(balance sheet)다. 당기순이익 중에서 주인에게 얼마를 주었고 나머지를 기업이 어떤 용도로 보유하고 있는지를 보여주는 문서가 이익잉여금처분계산서(statement of retained earnings)다. 그리고 실제 기업 경영에서 무엇보다도 중요한 현금이 판매와 차입 등 어떤 활동을 통해 얼마만큼 기업으로 들어왔고, 매입, 투자, 차입금 상환 등 어떤 명목으로 얼마만큼 지출되어 연말 또는 분기 말 현재 현금 잔액이 얼마인지를 계산하는 문서가 현금흐름표(cash flow statement)다. 손익계산서, 대차대조표, 이익잉여금처분계산서, 현금흐름표가 회계에서 재무제표(financial statements)다. 재무제표란 말 그대로 기업 재무에 관한 정보가 담겨 있는 여러 표를 의미한다.

주식이 증권거래소에서 거래되고 있는 상장기업들은 정기적(분기, 반기, 연)으로 재무제표를 증권거래소에 제출해서 일반에 공시하고, 언론을 통해 외부에 공개해야 한다. 기업 외부의 이해관계자들에게 재무에 관한 정보를 제공하는 것이 사회 전체적으로 꼭 필요하기 때문에 공개하도록 법에 규정되어 있다. 상장기업이 아니더라도 재무제표는 여러 경로를 통해 공개된다. 주주, 은행, 소비자, 협력업체, 취업자, 정부 등 기업 이해관계자들은 회계가 종합하고 요약한 자료를 바탕으로 기업과 거래할 수 있다. 지금 무언가를 결정하면 그 영향은 미래에 나타난다. 미래에 어떻게 될지는 알 수 없다. 즉, 미래는 불확실하다. 불확실성을 조금이라도 줄이기 위해서는 정보가 필요하다. 회계 자료가 바로 중요한 경제 정보다. 오늘날 대부분의 경제 정보는 직간접적으로 회계와 관련되어 있다.

이처럼 기업 경영 활동을 회계가 집약하고, 회계가 집약한 정보를 기초로 경영 활동인 거래가 이루어진다. 회계가 없으면 기업도 존재할 수 없다. 그러나 대다수의 사람들은 회계의 역할과 중요성을 잘 감지하지 못한다. 기업 경영에서 회계는 마치 우리가 살아가는 데 잘 느끼지 못하지만 없어서는 안 되는 자유재인 공기와 비슷한 존재다.

오늘날 회계는 복식부기를 의미한다. 서양에서는 1494년 이탈리아의 루카 파치올리(Luca Pacioli, 1447~1517)가 복식부기 원리를 발표했고, 우리나라에서는 1916년 현병주 선생이『실용자수 사개송도치부법(전)(實用自修 四介松都治簿法 全)』을 저술해 우리 고유의 복식부기 원리를 일반에게 알렸다.

회계는 국가를 경영하는
기본 시스템이다

회계는 기업 경영에서 공기와 같은 존재이고, 국가 경영에서는 핵심 인프라다. 우리가 언론에서 자주 접하는 '국민소득이 몇 퍼센트 증가했다'고 할 때 이 통계는 국민소득계정으로 추계하는데, 그 기본 원리가 회계다. 나라 전체 돈이 어떻게 돌아가는지 추계하는 자금순환, 무역을 비롯한 국제 거래에서 흑자가 얼마나 났는지를 계산하는 국제수지, 각 산업 간 상호 관계를 밝히는 산업연관분석 등 오늘날 자본주의 사회의 거시경제 주요 지표들은 회계 원리를 기본으로 하여 추계된다.

한 나라의 재정도 회계가 없으면 운영이 불가능하다. 시대를 불문하고 재정은 국민 세금으로 조달되기 때문에 투명하게 운영되어야 한다. 재정을 관리하는 기본 시스템이 회계다. 따라서 투명한 회계가 재정 운용의 기본이고, 이는 국가 경영의 투명성을 결정한다. 투명하지 못한 재정 운용은 국가 위기를 초래한다. 동서양의 역사를 살펴보면, 국가 회계가 문란해지면서 조세가 문란해지고 재정이 파탄 나고 백성들에 대한 가렴주구로 이어지는 경우를 종종 본다. 이런 현상이 임계점에 도달하면 혁명이 일어나서 왕조가 교체되거나 정권이 바뀌거나 통째로 나라가 망했다.

조선왕조는 근대 이전 인류 역사에서 회계를 국가 경영 시스템으로 가장 중시한 나라다. 1392년 개창한 후 1910년 일본에 합병당해 망할 때까지 518년 동안 재정 운용의 투명성을 높이기 위해 철저한 내부통제제도를 운용했다.[1] 내부통제제도는 투명하게 재정이 운용되도록 회계 처리 절차에 내부 견제를 도모하고 사후에 감사하는 것과 관련된 장치들이다.

조선왕조의 법규를 종합한 『경국대전(經國大典)』 「호전(戶典)」에 의하면, 모든 관청의 재정 운용은 경상비 예산인 횡간(橫看)과 수입 예산인 공안(貢案)에 따라야 했다. 회계 투명성을 확보하기 위해 재정 수입과 지출을 각각 다른 기관에서 담당하고, 재물을 출납할 때는 중기(重記)와 감합법(勘合法)을 사용하며, 관리가 맡은 보직을 떠날 때는 인수인계서인 해유(解由)를 통과해야 했다. 중앙 관서는 분기별로, 지방 관서는 연말에 결산하고, 정기적으로 재고 조사인 번고(反庫)[2]와 감사를 실시했다.

물자 출납은 호조판서 출납명령서인 호조관자(戶曹關子)에 의하고, 호조 소관 이외는 왕의 명령인 승정원의 승전첩인(承傳帖印)을 확인한 후 사헌부 감찰이 출납하거나 입회했다. 출납명령서에는 세 명이 서명·날인하도록 하여 구두 명령에 의한 출납 혼란을 방지했다. 출납명령서는 두 부를 작성해 발행 관청과 출납 관청의 회계 장부에 각각 기록한 후 후일 상호 대조해 정확하게 출납했는지 확인하는 증빙서다. 증빙서에 의거해 기록한 장부가 중기다. 중기는 각 관청의 기본 회계 장부로, 각 관청 중기 기록은 다른 관청에 동일한 기록이 반드시 존재한다는 의미에서 중기다. 중기에는 당상관(堂上官)과 회계 책임자가 수

---

1 조선왕조의 내부통제제도에 대해서는 허성관, 「한국 전통 회계 연구의 성과와 과제」 『회계저널』, 2014년 2월, pp. 61~89 참조.
2 反庫는 지금 우리말로 '반고'로 읽지만, 원래는 이두(吏讀) 표기이고, '번고'로 읽었다.

결했다. 이는 중기 자체가 책임행정의 중심이었음을 의미한다. 매 분기 말에는 회계를 담당하는 호조 산하 기관인 회계사(會計司) 간부가 각 관청을 담당하는 회계사 관리인 계사(計士)와 함께 중기와 호조 장부를 대조해 착오가 없는 경우에만 녹봉을 지급했다.

출납명령서는 두 부가 각각 별도로 작성되기 때문에 서로 상이할 수도 있었다. 한 부가 위조되면 각 중기에 기록되어도 서로 일치하지 않게 된다. 위조를 방지해 처음부터 중기에 정확하게 기록될 수 있도록 1417년 세종은 감합법을 도입했다. 물자를 출납하는 경우, 종이 한 장의 중간을 접어 양쪽에 같은 문서를 작성하고, 그 중간을 접은 선에 날짜를 쓰고 인장을 찍은 다음 이를 찢어 한 부를 교부하면 출납자가 해당 관청에 가서 출납하고 나머지 한 부는 발행 관서에서 보관하는 제도가 감합법이다. 발행 관청과 출납 관청에서 후일 두 출납 명령서를 대조해 진위 여부를 확인했다. 감합법은 오늘날 창고에서 재고를 출납할 때 사본을 여러 부 작성해서 재고 관리 부서, 경리 부서, 생산 부서 등에서 각각 보관해 출납이 정확하게 이루어지는지를 교차 검증하는 내부통제제도와 동일하다.

관리가 교체될 때는 해유를 통해 엄격하게 인수인계해 책임 소재를 명확히 했다. 재임 중 책임행정을 최종적으로 확인하는 해유제도는 오늘날과는 비교할 수 없을 정도로 정밀한 제도였다. 관리가 교체되면 전임자는 관장하던 전곡(錢穀)과 물품 출납 및 재고에 관한 문서를 만들어 후임자에게 인계한다. 부족함이 없을 경우 후임자가 상급 관청[3]에 보고하고, 상급 관청을 거쳐 최종적으로 호조 또는 병조에서 심사해 문제가 없으면 재직 중 회계와 재산상 책임을 면제해주는 제도가

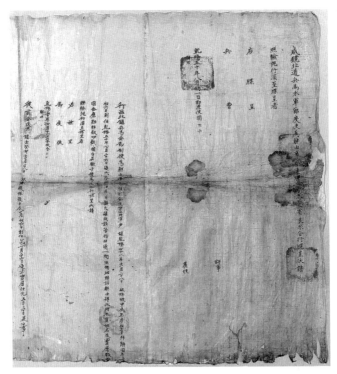

정조 9년(1785)에 작성된 함경도 서북진병마첨절제사 윤빈(尹鑌)의 7미터에 달하는 해유 문서 1면(국립중앙박물관 소장).

해유다. 해유되지 않으면 관리는 다음 보직을 받을 수 없었을 뿐만 아니라 녹봉도 받지 못하고 승진할 수도 없었다. 물론 부정이 있는 것으로 판명되면 처벌을 받았다. 해유제도는 오늘날 일반화되어 있는 회계책임(accountability)이 조선왕조에서는 어떻게 검증되었는지를 보여 주는 대표적인 기제(mechanism)다.

3 중앙 관서는 호조와 병조이고, 지방은 관찰사와 절제사다. 이 문서가 첩정(牒呈)인데, 회계 자료 외에 재임 중의 발령 일자, 부임 일자, 휴가 일수, 와병 일수, 탄핵 여부, 개명 여부 등도 포함했다.

회계 기록은 보고를 위해 매일, 매월, 연말에 마감했다. 연말 회계 기록은 증빙서와 목록을 첨부해 세 부를 작성한 후 한 부는 각 관청에, 한 부는 호조에, 한 부는 사헌부에 보관했다. 사헌부 감찰은 출납에 입회할 뿐만 아니라 매월 말에 호조 상급 관리인 낭관(郎官)과 함께 전곡이 있는 각 관청의 창고를 실사해 그 결과를 왕에게 보고했다. 여기에 더해 엄격한 회계 감사를 실시했다. 태종 9년(1409), 호조와는 독립된 회계 감사기관으로 쇄권색(刷券色)을 설치했다. 특히 지방의 경우, 매년 가을 각 도의 관찰사는 대·중·소 3개 읍을 추첨으로 선정해 감사하고 그 결과를 왕에게 보고했다. 이는 오늘날 공인회계사들이 본 감사 전에 무작위로 표본을 추출해 시험적으로 감사하는 기법과 일치한다.

회계 문서를 허위로 기록한 자는 지방 수령의 경우 금고 5년 또는 3년 유배형에 처하고 이를 묵인한 자도 유배했으며, 허위 기록의 고의 및 실수 여부를 감안하지 않았다. 특히 문서에 찍은 도장을 위조한 자는 사형에 처하고, 그 처자를 노비로 삼았다.

중기, 감합, 해유는 조선왕조 말까지 계속 시행되었고, 이는 근대 이전 인류 역사에서 유례를 찾아볼 수 없는 탁월한 시스템이다. 이에 따라 적발된 수많은 부정부패 사례가 실록에 기록되어 있다. 그러나 조선 후기 노론 일당독재가 시작되면서 관련 관리들의 공모에 의한 부정까지 막을 수는 없었다. 『경국대전』에는 오늘날의 분식회계(cosmetic accounting)인 번질(反作)[4]회계가 없으나, 1746년에 완성된 『속대전(續大典)』의 「호전」에 번질회계에 대한 처벌 조항이 나타난다. 다산(茶山) 정약용(丁若鏞, 1762~1836)의 『목민심서(牧民心書)』 「호전」에는 환곡을 둘러싼 다양한 번질회계 사례들이 적시되어 있다. 투명한 회계 시스템을 유지함으로써 장기간 융성할 수 있는 기틀을 마련했던 조선왕조였지만, 말기로 접어들면서 번질회계로 나타난 부정부패가 나라의 운명을 결정한 중요한 요인 중 하나가 되었다.

이처럼 조선왕조는 국가 재정을 관리하는 치밀한 회계 시스템을 갖추고 있었고, 실제 국정 운영에서 회계를 대단히 중시했다. 세종은 "어리석은 백성들이 이르고자 할 바가 있어도 제 뜻을 제대로 표현하지 못함"을 풀어주고자 훈민정음을 창제했다. 백성들의 '이르고자 할 바'의 구체적인 내용이 훈민정음 반포를 격렬하게 반대한 집현전 부제학(副提學) 최만리(崔萬理, ?~1445)의 상소에 나타나 있다.

> 이두는 수천 년 동안 사용되어 회계 장부를 기록하고 정리하는 데 방해됨이 없었는데, 어찌 예로부터 시행하던 폐단이 없는 글을 고쳐 따로 비루하고 아무 이익이 없는 글자를 만들려 하십니까?[5]

세종은 백성과 원활하게 소통하기 위한 중요한 전략으로 훈민정음을 창제했는데, 그 구체적인 목적 중 하나가 백성들이 회계 장부를 기록하고 정리하는 데 편리하도록 하는 것이었음을 알 수 있다.

조선왕조에서는 기관별로 정기적으로 결산했을 뿐만 아니라, 국

---

4 反作은 이두로 '번질'로 읽는다. 反은 음으로 읽고, 作은 뜻으로 읽는다. 내용이 없는 것을 번질번질하게 만든다는 뜻으로, 현대 용어인 분식회계의 원형이 번질회계다.
5 "而況吏讀行之數千年 而簿書期會等事 無有防礙者 何用改舊行無弊之文 別創鄙諺無益 之字乎?"

가 전체적으로도 재정을 결산한 것으로 보인다. 영조 24년(1748) 호조 판서 박문수(朴文秀, 1691~1756)가 나라 재정을 정리해 보고하자 영조가 "부기가 명백해 참으로 이해하기 쉽구나!"[6]라고 칭찬한 것을 보면 정기적이지는 않더라도 국가 전체 재정을 챙기는 회계 시스템이 있었던 것이 분명하다.

저자가 정부에서 일하는 동안 고(故) 노무현 전 대통령에게 "대통령 직을 수행하시면서 어떤 지식이 가장 유용하게 쓰이던가요?"라고 질문한 적이 있다. "법률과 회계 지식이 유용하고, 시대 흐름을 정확하게 읽고 일머리가 제대로 돌아가야지요."가 대통령의 답변이었다. 대통령이 꼭 회계 지식을 가져야 하는 것은 아니겠지만, 회계 지식이 있으면 나라 전체 살림살이인 재정의 큰 그림을 파악하는 데 분명히 도움이 된다. 우연의 일치겠지만, 참여정부 고위층에는 회계에 관한 전문지식을 가진 사람들이 여럿 있었다. 대통령, 대통령 비서실장, 정책실장이 상업고등학교를 졸업했기 때문에 최소한 부기 2급 이상 지식이 있었고, 행정자치부 장관이 회계학 교수 출신이었다.

---

6 『조선왕조실록(朝鮮王朝實錄)』, 영조 24년 11월 4일. "簿記明白 使我易曉."

서원과 계,
우리 전통 회계의 탁월함

조선시대의 대표적인 비영리기관은 서원(書院)과 계였다. 서원은 오늘날 사립대학에 해당하는 교육기관이었다. 서원은 기금에 해당하는 토지를 상당히 많이 보유하고 있었다. 현재 남아 있는 서원 회계 장부에는 투명하게 기록하려는 노력이 잘 나타나 있다. 안동 병산서원과 경주 옥산서원의 회계 장부는 일부만 남아 있지만, 쌀이 몇 되, 몇 홉이 남아 있다는 것까지 기록할 정도로 세밀하다.

상부상조를 목적으로 하는 계는 조선조 향촌사회의 유대를 다지는 핵심 조직이었고, 이 전통은 오늘날에도 이어지고 있다. 전라남도 영암군 장암마을 남평(南平) 문(文)씨 가문은 1664년에 문중 계를 결성한 후 1667년 계원 18명이 벼 한 섬씩을 기금으로 출연했다. 계 운영 규약인 계헌(契憲)을 만들어 엄정하게 계를 운영했는데, 주주의 출자, 정관 작성, 주주총회 의결에 의한 임원 선임 등 오늘날 주식회사 설립 절차와 동일하다. 경조사 부조 규모와 내용도 필요에 따라 조정했으며, 계헌도 추가해나갔다. 계헌 조문들은 대부분 경제적 거래를 어떻게 정확하게 기록하고 검증할 것인가를 규정하는 내용들이다. 특히 회계 장부를 엄밀하게 기록할 것과 장부의 철저한 보관에 대한 책임 조항이 명시되어 있다.

흉사와 길사에 대한 부조가 계의 주된 활동이었다. 그 밖에 마을에 필요한 기물을 마련하고, 창고, 정자, 서재를 건축했다. 특히 계원 자녀의 교육에도 적극적으로 지원했다. 1704년에는 계원 부부가 참석하는 잔치를 열었다. 11년 만에 기금은 100석으로 늘어났다. 어려움을 해결하기 위해 시작한 모임이 공동체 행복 추구로 발전한 것이다. 계 책임자는 벼와 돈의 시장가격 변동을 고려해 적극적으로 이익을 추구해야 하는 책임이 있었다. 이 계 장부가 용하기다.[7] 용하는 지출이라는 뜻이다. 용하기가 오늘날의 복식부기는 아니지만, 정연한 원칙에 따라 기장한 회계 장부다. 현재 남아 있는 용하기는 1741년 이후의 기록이다. 지금까지 300년 이상 동일한 원리에 의해 거래를 기록해온 용하기는 실로 놀랄 만한 우리 회계유산이다. 인류 역사상 가장 오랜 기간에 걸쳐 같은 원리로 기장한 회계 장부이므로 인류 문화유산으로 지정되어야 할 것이다.

이렇게 엄밀하게 작성된 회계 장부는 매년 2회 계원 총회인 강신회(講信會)에서 계원들에게 보고하고 승인을 받아야 했다. 강신회는 오늘날의 주주총회에 해당한다. 승인된 회계 장부에는 계 대표인 문장(門長)과 회계 책임자인 장의(掌議)가 서명했다. 오늘날과 같이 자신을 표현하는 다양한 기호를 서명에 사용했다. 최고경영자와 최고재무담당자가 결산 재무제표에 서명해야 한다는 의무 조항이 2002년 미국의 회계부정방지법인 사베인스-옥슬리법(Sarbanes-Oxley Act)에서 처음 강제된 것에 비해 무려 300년이나 앞선 것이다. 다음 해의 계 책임자를 선임하고 결산 서류를 승인할 때는 무기명 비밀투표를 했다. 찬성이면 흰 바둑돌, 반대면 검은 바둑돌로 의사를 표시했는데, 이는 영국

---

7   용하기에 관한 심층적인 연구는 전성호, 『조선시대 호남의 회계 문화』, 다할미디어, 2007 참조.

의회의 투표 방법과 일치한다.

　투명한 회계 보고와 더불어 무기명 비밀투표가 이루어짐으로써 계의 운영에는 현대적 민주주의가 구현되었다. 이런 운영 방식은 어느 날 갑자기 시작되었다기보다는 오랜 세월을 거치며 누적된 관행이었을 것이다. 따라서 용하기는 최소한 17세기 중반 이전 조선 향촌사회에 근대적 합리성이 정착되고 있었음을 보여주는 증거다.

제2장

복식부기의 기본 원리

오늘날 회계는 곧 복식부기를 지칭한다. 경제 활동이 단순하고 소규모이면 현금 수입과 지출, 채권과 채무, 재산 목록 등만 기록해도 조직의 실상을 파악할 수 있다. 경제가 발전할수록 거래가 복잡해지고 빈번해지며, 경제 규모가 커진다. 복잡한 거래의 실체적인 내용을 정확하게 인식해 체계적으로 기록하는 회계가 복식부기다. 복식부기의 기본 원리와 경영 투명성을 살펴보자.

거래 이중성과
대차평균

특정 시점, 예를 들어 2017년 12월 31일 현재 A 기업이 가지고 있는 것이 자산, 남에게 갚아야 하는 것이 부채, 자산에서 부채를 뺀 것이 A 기업 주인 몫인 소유자 지분이다. 기업이 고객에게 제품을 팔거나 서비스를 제공하고 받는 대가가 수익(revenue)이며, 이 수익을 얻기 위해 희생한 대가가 비용(expense)이다. 제품을 만드는 데는 여러 가지 원가가 들어가고, 상품을 매입해 파는 경우에는 매입원가를 지급해야 한다. 서비스를 제공하는 경우에도 인건비 등 희생이 있을 수밖에 없다. 이것들이 모두 비용이다. 일정 기간 발생한 수익 합계에서 비용 합계를 뺀 것이 이익이다. 이익이 늘어난 만큼 소유자 지분도 늘어난다. 기업 주인이 자기가 투자한 자본금에 기업이 번 이익을 더한 후 자신 몫에서 자신이 인출한 배당을 뺀 나머지가 기업에 남아 있는 자신의 몫인 소유자 지분이다. 따라서 회계에서는 다음과 같은 공식이 성립한다.

자산 – 부채 = 소유자 지분

수익 – 비용 = 이익

자본금 + 이익 – 배당 = 소유자 지분

어떤 거래든 거래가 일어나면 반드시 자산, 부채, 소유자 지분, 수익, 비용 중 하나 이상의 요소에 영향을 미친다. 한 가지 요소에만 영향을 미치는 경우에는 증가와 감소가 동시에 발생한다. 예를 들어, 은행에서 빌린 부채가 만기가 되어 새로 차입계약서를 쓰고 2년 동안 연장을 받았다면 기존 차입금이 감소하고 새 차입금이 발생한다. 이는 부채가 감소하고 부채가 증가하는 거래다. 현금을 받고 제품을 팔면 현금이라는 자산이 증가하고 수익이 증가하는 거래다. 고객을 접대하기 위해 식사하고 현금을 지급하면 자산인 현금이 감소하고 비용인 접대비가 증가하는 거래다. 주주들에게 배당하면 자산인 현금이 감소하고 소유자 지분이 감소하는 거래다. 이처럼 하나 이상의 요소에 영향을 미치는 거래의 양면성이 '거래 이중성'이다.

거래 이중성을 명시적으로 기록하면 복식부기다. 복식부기에서는 어떤 거래가 발생하더라도 '자산 – 부채 = 소유자 지분'의 관계는 항상 성립한다. 거래 이중성 때문이다. 이 관계가 회계등식(accounting equation)이다.

실제 거래가 자산, 부채, 소유자 지분, 수익, 비용 등 다섯 가지 요소에 미치는 영향을 증가와 감소로 구분해 정리하면 다음과 같다. 모든 거래는 왼쪽과 오른쪽의 결합이다. 자산이 증가하는 거래는 자산 감소, 부채 증가, 소유자 지분 증가, 또는 수익 증가를 수반한다. 반대로 자산이 감소하는 거래는 자산 증가, 부채 감소, 소유자 지분 감소, 또는 비용 증가를 수반한다. 위아래로 결합되어 발생하는 거래는 없다. 자산이 증가하는데 부채 감소, 소유자 지분 감소, 비용 증가를 초래하는 거래도 없고, 부채가 증가하는데 자산이 감소하거나 소유자 지분이 증가하거나 수익이 증가하는 거래도 발생할 수 없다.

왼쪽(차변)	오른쪽(대변)
자산 증가	자산 감소
부채 감소	부채 증가
소유자 지분 감소	소유자 지분 증가
비용 증가	수익 증가

거래 결과 양쪽에 발생하는 금액은 동일하다. 예를 들어, 매입원가가 8,000원인 상품을 1만 원에 팔면서 5,000원은 현금으로 받고 5,000원은 외상으로 했다면, 자산인 현금과 외상 매출금이 각각 5,000원 늘어나고, 자산인 상품 재고가 8,000원 감소하고 이익이 2,000원 증가해 소유자 지분이 2,000원 증가한다. 결국 왼쪽에 자산 증가 1만 원, 오른쪽에 자산 감소 8,000원과 소유자 지분 증가 2,000원, 합계 1만 원이 발생해 양쪽에서 발생한 금액이 같음을 알 수 있다.

회계가 발전하면서 자연스럽게 사람들 사이에 약속한 것처럼 장부의 한 면을 양쪽으로 나누어 왼쪽에는 위 왼쪽 내용을 기록하고, 오른쪽에는 위 오른쪽 내용을 기록하게 되었다. 왼쪽을 차변(借邊, debit), 오른쪽을 대변(貸邊, credit)이라고 부르며, 모든 개별 거래에서 차변과 대변에 발생하는 금액이 같은데, 이것이 '대차평균의 원리'다. 대차는 대변과 차변을 의미하고, 평균은 양쪽 금액이 같다는 의미다. 개별 거래마다 대차평균의 원리가 지켜지기 때문에 일정 기간 발생한 거래 전체를 종합해도 대차평균의 원리가 성립한다.

개별 거래의 이중성과 대차평균의 원리가 작동하면 회계등식인 '자산-부채=소유자 지분'이 항상 유지된다. 이런 원리에 따라 회계 장부를 기록하는 기법이 복식부기다. 이 원리가 지켜지지 않으면 아무리 체계적으로 기록해도 복식부기가 아니다.

과정은 복잡하지만
결과는 명료하다

거래 이중성과 대차평균을 준수하는 복식부기의 원리는 간단하다. 그러나 기업 규모가 커지고, 거래가 늘어나며, 사업 분야가 많아지면 복식부기에 의한 장부 기록은 대단히 복잡해진다. 삼성전자나 현대자동차의 회계 장부 기록이 얼마나 복잡한지 상상하기 어렵지 않을 것이다. 여기서는 회계 전문가가 아닌 사람도 알 수 있도록 복식부기가 무엇인지 간략하게 설명한다.

우선 자산, 부채, 소유자 지분, 수익, 비용 등 다섯 가지 요소는 각각 여러 항목으로 구성되어 있다. 자산에는 현금, 예금, 주식, 채권, 대여금, 매출채권, 재고자산, 건물, 자동차, 기계 장치, 토지, 특허권 등 여러 항목이 있다. 부채에는 차입금, 매입채무, 미지급비용, 회사채, 임대보증금, 퇴직급여충당부채 등 다양한 종류가 있다. 소유자 지분인 자본에는 자본금, 자본잉여금, 이익잉여금 등이 있다. 수익에는 상품매출액, 이자수익, 배당금수익, 투자수익, 투자자산처분이익, 외환차익, 건물처분이익, 주식처분이익 등이 있을 수 있다. 비용은 매출원가,

이자비용, 급여, 접대비, 감가상각비, 광고비, 제세공과금, 투자손실, 처분손실, 외환차손 등 수많은 항목으로 세분할 수 있다.

기업은 업종, 규모 등을 고려해 자산 등 다섯 가지 요소의 세부 항목을 설정한 다음, 거래가 발생할 때마다 각 항목의 증감을 분석해 기록한다. 각 항목이 이른바 계정(計定, account)이다. 거래를 분석해 차변과 대변으로 나누어 기록하는 첫 단계가 분개(分介, journal-entry)다. 분개가 끝난 회계 기록은 일기처럼 분석된 거래가 나열되어 있는 것에 불과하다. 같은 계정 이름으로 분개된 것들을 한곳에 모으면 각 계정의 증감을 알 수 있다. 이 과정이 전기(轉記, posting)다.

분개된 내용이 전기된 각 계정을 모은 장부가 원장(元帳, ledger)이다. 자산계정 차변에는 증가, 대변에는 감소한 거래가 전기된다. 부채계정 대변에는 증가, 차변에는 감소한 거래가 전기된다. 차변으로 분개된 것은 원장 차변에, 대변으로 분개된 것은 원장 대변에 전기된다. 모든 분개된 거래는 원장의 해당 계정에 전기된다.

기업은 정기적으로 최소한 1년에 한 번은 결산해야 한다. 2017년 1월 1일부터 12월 31일까지의 거래 기록을 분개해서 전기하고 종합적으로 정리해서 2017년에 이익이 얼마 났고, 12월 31일 현재 자산, 부채, 소유자 지분이 얼마인지를 계산하는 절차가 결산이다. 수익이 증가하면 대변, 감소하면 차변에 기록하기 때문에 수익계정들 잔액은 대변에 남는다. 비용이 증가하면 차변, 감소하면 대변에 기록하기 때문에 비용계정들 잔액은 차변에 남는다. 2017년 거래들을 분개해 전기한 수익계정들 잔액을 합계한 후 비용계정들 잔액 합계를 빼면 이익이다. 이렇게 이익을 계산하기 위해 작성하는 문서가 손익계산서다.

산출된 이익을 1월 1일 소유자 지분에 더하면 12월 31일 현재 소유자 지분이다. 12월 31일 현재 자산계정들 잔액을 합계하면 부채계정들 잔액 합계에 소유자 지분을 더한 금액과 일치한다. 이 과정을 표로 작성한 것이 대차대조표다.

손익계산서와 대차대조표가 만들어지면 복식부기의 절차는 끝나고 결과는 명료하다. 그러나 구체적인 과정은 만만치 않다. 이익은 항상 일정 기간을 기준으로 계산한다. 1개월 이익, 6개월 이익, 1년 이익 등이다. 따라서 이익을 계산할 때는 반드시 해당 기간 수익에서 해당 기간 비용을 빼야 한다. 2017년 수익을 계산하는 경우를 예로 들어보자. 12월 1일 물건 100개를 개당 100원, 합계 1만 원에 팔기로 하고 현금을 받았다. 그런데 12월 31일까지 80개만 고객에게 인도했다면 2017년에 해당하는 수익은 8,000원이다. 20개에 해당하는 2,000원은 12월 31일 기준으로는 현금을 받고 물건을 인도하지 않았으므로 부채가 된다. 이 내용을 결산할 때 수정해야 한다. 현금을 받았는지 여부가 아니라 실제 물건이 인도되어야 수익으로 기록할 수 있다. 즉, 실현 여부를 기준으로 수익을 기록한다.

비용의 경우에도 현금 지급 여부가 아니라 2017년에 실제 발생해야 비용으로 기록한다. 20만 원에 기계를 샀는데, 이 기계의 사용 가능 기간이 5년이고 매년 일정하게 마모되며 5년 후에는 아무 가치가 없다면 5년 동안 매년 4만 원씩 비용으로 기록하고 같은 금액만큼 자산인 기계계정 잔액을 감소시켜야 한다. 이것이 감가상각(depreciation)이다. 2017년 11월 1일 은행에서 1억 원을 연 4.5%에 빌리고 3개월마다 이자를 지급하기로 했다면 2018년 2월 1일에 3개월 이자 112만 5,000원을 지급해야 한다. 그러나 2017년 12월 31일 결산하는 시점에서 보면 11월과 12월, 2개월 이자 75만 원은 2017년 이자비용이므로 비록 현금을 지급하지는 않았지만 2017년 비용으로 기록해야 한다. 75만 원은 이자비용이며 미지급이자라고 기록해두어야 한다. 이처럼 비용은 발생 여부를 기준으로 기록한다.

거래가 발생하면 거래의 이중성을 분석해 분개한 다음 계정과목별로 원장에 전기하고, 이익을 계산할 때 해당 기간의 수익인지 비용인지를 식별해 수정한 후 재무제표를 만들면 복식부기 과정이 완료된다. 해당 기간에 속하는 수익과 비용을 식별하는 기준이 수익은 실현 여부, 비용은 발생 여부인데, 이 원칙을 현대 회계에서는 '수익 비용 대응의 원칙(matching principle)'이라고 한다. 이 원칙대로 기록한 회계가 '발생주의 회계(accrual accounting)'다.

세계적으로 통일되고 있는 회계 원칙

경제가 발전하면 거래도 복잡해진다. 다음 거래를 보자.

(주)정방이 2014년 1월 1일 3년 후 만기(2016년 12월 31일)이고 액면가액이 10만 원인 회사채를 9만 5,198원에 취득했다. 회사채 액면 이자율은 10%이고, 매 연말에 이자를 받는다. 취득할 때 시장이자율(유효이자율)은 12%다. 2014년 12월 31일과 2015년 12월 31일 이 회사채의 시장가격이 각각

9만 7,000원과 9만 8,000원이다. 2016년 3월 1일 이 회사채를 9만 8,200

원에 매각했다.[8]

이 예제의 경우, 2014년 1월 1일과 12월 31일, 2015년 12월 31일,
2016년 3월 1일에 분개해야 한다. 거래가 대단히 복잡해서 전문가가
아니면 거래 실상을 파악하기 어렵다. 전문가일지라도 거래의 실상에
대해 의견이 다를 수도 있다. 구체적으로 왜 이 회사채를 (주)정방이
취득했는지에 대해 의견이 달라질 수 있다. 단기간의 시세차익을 노린
취득인지, 만기일까지 보유하고 이자를 받을 목적으로 취득했는지에
따라 거래의 실상과 회계 처리가 달라질 수밖에 없다.

같은 거래는 어느 회사에서나 같은 방법으로 회계를 처리해야 회계
정보를 활용하는 사람들이 회계를 이해하고 신뢰할 수 있을 것이다.
동일한 거래에 여러 가지 회계 처리가 가능한 경우에는 방법을 선택할
수 있게 하고, 어떤 방법으로 처리했는지 명확하게 밝혀야 한다. 회계
는 오랜 기간에 걸쳐서 진화해온 것이지 어느 날 갑자기 발명된 기술
이 아니다. 회계 처리 방법은 대부분 관행으로 정착되어 오늘날에 이
른 것이다. 자본주의 경제가 본격적으로 발전하기 이전에는 기업 이해
관계자가 많지 않았다. 그래서 소유자와 경영자가 자신들의 필요에
따라 회계 장부를 기록했다. 주식회사 제도가 일반화되면서 기업 이해
관계자들이 크게 늘어났다. 특히 주식을 산 많은 주주들과 돈을 빌려
준 은행들이 회계 정보를 당연히 요구하게 되었다. 이에 따라 통일된

---

8   윤순석·최관·송인만, 『중급재무회계』, 신영사, 2004 예제 참조.

회계 처리 방법을 마련할 필요성이 제기되었다.

회계는 있는 그대로 기록하는 것이 기본이다. 부풀리거나 축소해서 기록하거나, 없는 것을 있는 것처럼 기록하거나, 있는 것을 없다고 기록하면 엉터리 장부가 된다. 즉, 회계가 투명성과 진실성을 상실하게 된다. 분식회계가 된다. 만일 실제로는 적자가 났는데 이익이 많이 난 것처럼 장부를 조작하고, 이를 보고 투자자가 주가가 오를 것으로 생각하고 이 회사 주식을 샀는데 실제 조작이 확인되어 주가가 오히려 폭락했다면, 이는 사기다. 주식을 산 사람들은 큰 손해를 보게 된다. 따라서 진실하게 회계를 처리하기 위해서는 통일된 규정을 마련해야 할 뿐만 아니라 이를 기업들이 반드시 준수하도록 강제하는 조치가 필요하게 되었다.

1929년 10월 24일 뉴욕 증권거래소에서 주가가 폭락하면서 세계 대공황이 시작되었다. 생산 과잉과 부동산·주식에 대한 투기 열풍으로 자산에 거품이 끼어 발생한 사태였다. 금융업은 물론이고 제조업과 유통업 등 기업들이 도산하고 실업자가 넘쳐났다. 이 과정에서 기업이 제공하는 회계 정보에 대한 불신이 팽배해졌다. 당시 미국을 비롯한 모든 나라에서 회계 처리는 자유방임 상태였다. 통일된 회계 처리 규정이 없었다. 대공황이 발생하자 미국 정부는 1933년에 '증권법'을, 1934년에 '증권거래법'을 제정해 증권거래위원회(Security and Exchange Commission: SEC)를 창설했고, 이 위원회에 통일된 회계 기준을 마련하는 권한을 부여했다. SEC는 회계 기준 제정 권한을 회계 전문가 집단인 미국공인회계사협회(American Institute of Certified Public Accountants: AICPA)에 위임했다. AICPA는 산하에 특별위원회를 설치해

1973년까지 꾸준히 회계 기준을 제정했다.

1973년에는 AICPA가 회계 기준 제정에 지배적 영향력을 행사하는 것을 개선하고자 독립된 조직으로 재무회계재단(Financial Accounting Foundation; FAF)을 설립하고, FAF 산하의 재무회계기준위원회(Financial Accounting Standard Board; FASB)가 기업의 회계 기준을 제정하게 되었다. 2001년에 들어서며 엔론, 월드컴, 제록스 등 미국 대기업들이 대대적으로 회계를 분식하고, 회계 법인도 이들 회사들을 제대로 감사하지 않았다. 이들 기업들은 결국 도산했고, 미국 증권시장은 물론 세계 경제가 휘청했다. 회계제도를 혁신해야 한다는 여론이 비등해지자 2002년 미국 의회는 '사베인스-옥슬리법'을 제정했다. 이 법에 따라 SEC가 감독하는 상장기업회계감독이사회(Public Company Accounting Oversight Board; PCAOB)가 설립되었다. 이 이사회가 회계법인의 등록·검사·조사·감사 기준의 제정 등을 담당하게 되었다.

우리나라 회계 기준 제정은 1958년부터 1999년까지 정부 주도로 추진되었다. 최초의 회계 기준이 1958년에 제정된 '기업회계원칙'과 '재무제표규칙'이다. 이 중 재무제표규칙은 당시 재무부가 고시했는데, 재무제표의 용어, 양식, 회계 처리 방법 등을 규정했다. 이 기준들은 일본의 기준과 유사했다. 1960년대 들어 급속하게 경제가 발전함에 따라 증권시장을 정비하는 조치와 병행해 회계 기준도 점차 개선되었다. 1968년에 '자본시장 육성에 관한 법률', 1972년에 '기업공개촉진법', 1974년에 '상장법인 등의 회계 처리에 관한 규정', 1975년에 '상장법인 등의 재무제표에 관한 규칙'이 제정되었다. 1981년에는 이 네 규정을 종합해 '기업회계기준'을 제정했다. 이후 1997년 외환위기를 겪으며 회계 투명성을 높이는 것이 시급하다는 인식이 확산되며 1999년 9월 민간기구인 회계기준위원회(Korean Accounting Standards Board; KASB)가 설립되었고, 이 위원회가 금융감독위원회로부터 회계 기준 제정 및 개정 권한을 위임받아 현재에 이르고 있다. 우리나라에서 '일반적으로 인정된 회계 원칙(generally accepted accounting principle; GAAP)'은 회계기준위원회가 발표하는 '기업회계기준서', '기업회계기준해석서' 및 '기업회계기준 적용 사례'다.

경제가 세계화되면서 당연히 세계적으로 통일된 회계 규정을 마련할 필요성이 제기되었다. 예를 들어, 현대자동차가 뉴욕 증권시장에 주식을 상장하려면 미국 증권거래위원회의 심사를 받아야 한다. 이때 중요한 자료가 회계 정보다. 미국과 한국의 회계 기준에 차이가 있기 때문에 어느 기준에 따라 현대자동차가 회계 장부를 기록해야 하느냐 하는 문제가 제기된다. 세계적으로 통일된 회계 기준이 있으면 이런 문제는 제기되지 않을 것이다.

1973년 각국 회계 관련 민간단체들이 국제회계기준위원회(International Accounting Standards Board; IASB)를 설립해 통일된 회계 기준을 제정하기 시작했다. 그러나 민간기구이기 때문에 각국에 대해 강제적인 구속력이 없어 실효성이 부족했다. 이 문제를 해결하기 위해 각국의 증권시장 감독기구 연합체인 국제증권감독자기구(International Organization of Securities Commissions; IOSCO)와 협조했다. IASB가 제정한 기준에 따라 재무제표를 작성해 IOSCO 가맹국 증권시장에 상장하면 해당 국가가 인정해주게 됨으로써 IASB 기준이 실효성을 가지게 되었다. IASB 기준이 현재 국제회계기준(International Financial Reporting Standards;

IFRS)이다. 우리나라에서는 증권거래소에 주식을 상장한 기업들은 2011년부터 모두 IFRS에 따라 회계 처리하도록 되어 있다.

사실 1929년 대공황이 일어나기 전까지 서양에서 각 기업은 자기 마음대로 회계 장부를 기록하는 완전 자유방임이었고, 회계 처리 기준을 통일하고자 하는 논의도 제기되지 않았다. 그러나 우리나라에서는 현병주 선생이 오늘날 회계 원리에 해당하는 『실용자수 사개송도 치부법(전)』을 1916년에 발표했다. 당시 개성상인들은 각자 다양한 방법으로 회계 장부를 기록하고 있었는데, 상인들의 실제 장부에서 공통된 원리를 추출해 정리한 것이 이 책이다. 현병주는 이 책 서문에서 회계 처리 방법의 통일이 필요하다고 기술하고 있다. "장부 작성 시 각자 자기만의 방식으로 임시방편적으로 기록하니 그 기법에 일정한 규칙이 없어 갑의 장부를 을이 해석하지 못하고 을의 장부를 병이 해석하지 못하는도다."[9]라고 지적했다. 이 지적은 회계 기준을 제정해 통일할 필요성이 있다는 세계 최초의 기록이다.

다음 장에서는 왜 복식부기가 자본주의 체제의 버팀목인지 살펴보고, 우리나라와 서양 복식부기의 기원을 일별한다.

---

9 현병주, 『사개송도치부법 정해』, 이원로 역, 다산북스, 2011.

제3장

복식부기와 자본주의

20세기 들어 유럽 학자들은 복식부기가 합리성의 결정체이고 서유럽에서 시작되었기 때문에 오늘날 합리주의에 기반을 둔 자본주의 시장경제는 서유럽 기독교 문명권에서 시작되었다고 주장했다. 그러나 최소한 19세기 중반 이전 조선에도 엄연히 우리 고유의 정교한 복식부기가 있었고, 개성상인들이 이 원리에 따라 회계 장부를 기록했다. 당시 복식부기가 필요할 만큼 조선의 경제 여건이 성숙되어 있었을 가능성이 크다. 투명한 복식부기는 지속 가능한 자본주의 경제 체제의 버팀목이다. 복식부기의 기원과 중요성을 살펴보자.

복식부기의 기원은
한국과 이탈리아다

일찍이 독일의 문호 괴테(Johann Wolfgang von Goethe)는 복식부기가 인간 지혜가 낳은 가장 위대한 발명의 하나라고 극찬했다.[10] 서양 석학들도 복식부기를 극찬했다. 베르너 좀바르트(Werner Sombart)는 복식부기가 인간의 유기적인 사고 기초 위에 마련된 우주 질서라고 평가했다. 막스 베버(Max Weber)는 복식부기가 유럽의 근대 계몽주의를 탄생시킨 증거이며, 오직 서유럽에서만 복식부기를 찾아볼 수 있기 때문에 오늘날 합리주의는 서유럽 기독교 문명권에서 시작되었다고 주장했다.[11] 자본주의 시장경제가 서유럽에서 시작될 수 있었던 것은 복식부기가 서유럽에서만 존재했기 때문이라는 주장이다. 이러한 주장은 서유럽 중심주의(euro-centrism) 역사관이다. 좀바르트와 베버에 이어 조지프 슘페터(Joseph Schumpeter)는 체계적으로 손익을 계산하는 복식부기 기술을

---

10 Bruce G. Carruthers and Wendy Nelson, Espeland, "Accounting for Rationality: Double-Entry Bookkeeping and the Rhetoric of Economic Rationality", *The American Journal of Sociology*, July 1991.

11 Max Weber, *The Protestant Ethic and the Spirit of Capitalism*, 1929. Scribner's edition translated by Parsons in 1958.

합리성의 결정체로 보았다.[12]

자본주의가 성립되기 위해서는 사적 소유권이 확립되어 이윤 추구가 보장되어야 하고, 시장에서 가격이 결정되어야 하며, 사회적으로 신분제가 해체되어 개인의 민주적 의사 표현이 보장되어야 한다. 근대 자본주의의 구체적인 구현 형태의 하나인 기계에 의한 대량생산이 서유럽에서 시작된 것은 확실하지만, 농업 또는 상업경제에서도 자본주의는 가능하다. 서유럽 중심 역사관은 서유럽 이외의 세계에 대한 지식이 부족한 데서 연유했을 가능성이 크다. 서유럽 중심 역사관을 극복하고 문명사의 지평을 이슬람권과 인도, 중국을 비롯한 동아시아로 확장하는 것은 당연하다. 특히 프랑스 역사학자 페르낭 브로델(Fernand Braudel)은 이슬람권과 동아시아에도 복식부기가 있었을 가능성을 제기하면서 서유럽 중심 근대성을 비판했다.[13]

루카 파치올리(나폴리 카포디몬테 미술관 소장).

유럽에서는 복식부기가 지중해 지역에서 서유럽으로 전파되었다. 가톨릭 수도사였던 루카 파치올리가 1494년 출간한 『산술, 기하, 비(比) 및 비례 총람(Summa de Arithmetica, Geometria, Proportioni et Proportionalita)』 제2권 마지

12   Joseph Schumpeter, *Capitalism, Socialism, and Democracy*, Harper, 3rd edition, 1962.
13   Fernand Braudel, *Civilization and Capitalism 15th-18th Centuries*, vol. III, Harper & Row publishers, 1982.

막 장에서 복식부기 원리가 처음으로
발표되었다. 이 책이 복식부기에 관한
세계 최초의 책이다. 파치올리가 복식
부기 원리를 창안하지는 않았고, 당
시 베니스의 상업학교 교사와 학생들
사이에 알려져 있던 강의안 형태 원고
를 수정해 출판한 것으로, 이 책의 이
론이 현대 복식부기의 기본이다.

『실용자수 사개송도치부법(전)』 표지.

　이슬람권과 동아시아에서 복식부
기가 창안되었다는 확실한 증거는
학계에 보고된 바 없다. 그러나 우리나라에서는 앞에서 언급했듯이
1916년에 현병주 선생이 복식부기 원리에 관한 책을 출판했다. 이 책
원리 역시 현병주 선생이 창안한 것이 아니고, 당시 개성을 중심으로
상인들이 실제 사용하고 있던 장부 기록 방법인 사개송도치부법을
김경식(金璟植)과 배준여(裵俊汝)의 자문을 받아 정리한 것이다. 이 책 내
용은 완벽한 복식부기다.[14] 따라서 이 책이 출판되기 이전부터 조선에
서 복식부기가 사용되고 있었던 것은 분명하지만, 언제 창안되었는지
알려주는 정확한 자료는 없다.

　윤근호는 개성상인들이 고려시대에 이미 대외무역에 적극적으로 종

14　이 책 내용에 대해 조익순은 2000년 『사개송도치부법 전사』에서 결산 결과가 정확하게
　　맞아떨어지지 않는다는 이유로 복식부기가 아니라고 주장했다. 그러나 이원로는 2011년
　　『사개송도치부법 정해』에서 현병주 책 예제의 오류를 수정한 결과 완벽한 복식부기임을
　　밝혔다. 저자가 검토한 결과도 복식부기였다.

사했고 조선왕조 건국 후 상업에 전념한 점 등에 비추어 볼 때 복식부기는 고려시대에 창안되었을 것이라고 치밀하게 논증했다.[15] 현재 남아 있는 가장 오래된 장부는 북한 사회과학원이 소장하고 있는 1756년부터 기록한 장부다. 이 장부가 복식부기라면 최소한 18세기 중반 이전에 조선에서 복식부기가 사용되고 있었다는 증거다. 이 시기는 서양 자본주의가 조선에서 전해지기 전이다. 이 장부가 서양 부기의 영향을 받은 흔적은 없다. 막스 베버 등이 극찬했던 복식부기의 기원은 우리나라와 이탈리아다.

복식부기에서 부기(簿記)라는 용어는 그동안 일본에서 영어 단어 'bookkeeping'을 번역할 때 만들어낸 것으로 알려져 왔다. 그러나 1746년 발간된 『속대전』 「호전」에 부기가 최초로 사용되었다. 따라서 부기는 조선에서 최초로 사용한 용어다. 앞에서 언급한 『조선왕조실록』 영조 24년(1748)에 영조가 호조판서 박문수를 칭찬한 "부기가 명백해 참으로 이해하기 쉽다[簿記明白使我易曉]."가 우리 문헌에 나타나는 두 번째 부기 사용 예다. 부기는 일본이 창안한 용어가 아니라 우리 고유의 용어다.

---

15 윤근호, 『한국 회계사 연구』, 한국연구원, 1984.

사개송도치부법은
고려시대에 발명되었다[16]

현병주 선생이 1916년에 책을 출판한 후, 1917년 일본인 타무라 류수이(田村流水)는 사개송도치부법이 복식부기이고 조선에서 독창적으로 기원했다고 최초로 주장했다. 신문기자였던 타무라 류수이는 「동경경제잡지(東京經濟雜誌)」에서 2회에 걸쳐 "서양보다 200년 앞서 고려시대에 복식부기가 있었다."고 주장하면서 사개송도치부법을 개성부기라고 명명했다. 이어 같은 해 스도 분키치(須藤文吉)는 「고베고등상업학교학우보(神戶高等商業學校學友報)」에서 "개성부기는 600년 전 고려시대에 독창한 것이며, 이탈리아가 세계 회계학의 원조가 아니라 조선이 본가."라고 주장했다. 젠쇼 에이스케(善生永助)는 1924년 조선의 사회·경제 조사 연구 사업에 관한 보고서인 「조선인의 상업」에서 다음과 같이 주장했다.

> 개성은 상업이 진보했기 때문에 그 치부법 또한 일찍이 발달했고, 세간에서 개성부기라고 칭하는 것 중에서는 그 양식이 서양 부기에 손색이 없고 기장 방법도 신식 부기와 부합한다. 그리고 그 발명은 고려조 말기 또는 조선조 초기 사이라 하지만 정확한 연대는 불명이며, 서양 부기의 발명과 동시대라고 일컬어지고 있다.

---

16 이 내용은 허성관, 앞 글, 「한국 전통 회계 연구의 성과와 과제」, pp. 70~73을 정리한 것이다.

사개송도치부법을 서양에 소개한 최초의 문헌은 오스트레일리아 회계사협회 기관지인 『The Federal Accountant』 1918년 편집후기 기사다. 12세기 고려시대부터 복식부기가 있었고 서양에서는 15세기 베니스에서 복식부기가 시작되었다는 것으로, 구체적인 내용은 다음과 같다.

> 누가 부기를 사업 경영의 계산 기술로 제일 먼저 생각해냈을까? 사람들은 한국이라고 아무도 생각하지 않을 것이다. 그러나 한국에서 복식부기가 발명되었고, 실제 활용되고 있었다. 이때가 12세기였지만, 유사한 시스템이 베니스에서 창안된 것은 15세기였다. 베니스는 당시 세계 상업의 중심지였다.[17]

어떤 근거로 이렇게 주장했는지는 알려지지 않았다. 1926년 일본인 히라이 야스타로(平井泰太郎)는 조선에 복식부기인 사개송도치부법이 있었고, 그 기원이 500년이 넘지 않았으며, 파치올리 이후일 것이라고 추정함으로써 동양과 서양에서 복식부기가 독자적으로 생성·발전되어 왔으며, 우리의 경우 조선왕조 초기에 발생했을 것이라고 주장했다.[18] 이 논문은 사개송도치부법을 서양에 소개한 최초의 학술 논문이었으나, 독일어로 발표한 논문이어서 이후 연구에 큰 영향을 미치지

---

17 원문은 다음과 같다. "Who first thought of bookkeeping as a business method? One would never think of Korea, and yet it was there that double-entry bookkeeping was invented and put into use. This was in the twelfth century, while it was not until the fifteenth century that a similar system was devised in Venice, then the commercial center of the world."

18 안윤태, 「사개송도치부법 연구의 전개」 『영남대학교 대학원 논문집』, 1978, pp. 7~76 참조.

못했다.

　사개송도치부법이 복식부기이고 우리 고유의 치부법이라는 사실은 우리 민족의 독창성을 나타내는 증거다. 타무라 류수이가 글을 발표한 1917년은 대한제국이 일제 강점기에 들어간 지 7년째 되는 해다. 당시 제국주의 일본은 조선에 대한 식민통치를 정당화하기 위해 조선인은 자치 능력이 없는 미개한 민족이며 고유의 문화도 낙후되어 있으므로 일본의 조선 지배는 조선인 자신들을 위해서도 유익하고 불가피하다고 세계 각국에 적극적으로 선전하고 있었다. 따라서 조선인의 우수성을 입증하는 발표에 대해서는 일본인들이 당연히 반박하고 폄하하는 주장을 전개했다. 1922년 오오모리 켄조(大森研造)가 발표한 논문이 대표적이다.

　　조선의 학술 문화 및 상업의 정도는 오늘날 개성부기에 있는 바와 같은 정제(整齊)·완비된 회계제도를 창시하기에는 너무나 유치하고 빈약했다. 개성에서 다른 지역보다 비교적 일찍 부기가 발달했다는 것은 상상할 수 없는 일은 아니나, 오늘날의 이른바 개성부기에서 보는 바와 같은 완비된 회계 방식이 이미 고려시대, 혹은 이조의 초기에 개성상인에 의해 안출되었다는 설은 도저히 인정할 수 없다. 개성부기 역시 일반적인 학술·공예와 마찬가지로 외래적 문화이며, 현재 잔존하는 옛 장부로부터 추측해도 정확한 연대는 판명되지 않으나, 극히 최근의 것이라고 추측할 수 있다.[19]

19　大森研造,「開城簿記の起源について」『經濟論叢』, 第14券 第1號, 1922.

오오모리 켄조의 논지에는 조선의 문화와 전통에 대한 객관적인 지식과 자세가 결여되어 있으며, "인정할 수 없다", "추측할 수 있다"는 식으로 표현하고 있어 학자로서 기본이 안 된 악의적인 측면이 강하게 나타나 있다. 그는 사개송도치부법이 복식부기라는 점은 인정했으나, 그의 주장에는 여러 오류가 포함되어 있다. 그러나 당시 일본 제국주의 정책을 옹호한 논문이고 교토제국대학의 교수라는 권위 때문에 광복 이후 상당한 시간이 흐른 후까지도 그의 주장이 우리 학계에 무비판적으로 받아들여져 사개송도치부법 연구에 제약이 된 것으로 평가된다.

윤근호는 오오모리 켄조를 비판하는 동시에 사개송도치부법의 고려시대 기원 가능성을 치밀하게 논증했다.[20] 회계의 역사는 문명의 역사이고 그 시대 사회·경제적 상황을 반영하는 거울이기 때문에 하루아침에 복식부기가 생겨날 수는 없고, 사회·경제적 필요에 따라 생성·발전할 수밖에 없다. 애너나이어스 리틀턴(Ananias Charles Littleton)은 복식부기가 필요한 사회·경제적 환경으로서 사유재산제도 확립, 화폐제도와 신용경제 발전, 대규모 상거래와 자본 출현, 산술 지식 확립을 지적했다.[21] 윤근호는 이러한 관점에서 고려시대에 복식부기인 사개송도치부법이 존재할 수 있었는지 문헌 연구를 통해 고찰했다.『고려사(高麗史)』,『고려사절요(高麗史節要)』,『송사(宋史)』,『조선왕조실록』을 비롯한 역사서와 경제사 관련 연구서, 그리고『고려도경(高麗圖經)』,『택

---

20 윤근호, 앞 책,『한국 회계사 연구』, pp. 170~244 참조.
21 A. C. Littleton, *Accounting Evolution to 1900*, New York, 1933. Reprinted by Russell and Russell in 1966.

리지(擇里志)』, 『동국여지승람(東國輿地勝覽)』, 『동국이상국집(東國李相國集)』, 『계림지(鷄林志)』 등 개인의 저작들까지 상세히 검토했다. 검토 결과, 고려시대 개성을 중심으로 화폐, 신용, 국제무역, 위임 관계 및 상사(商社) 단체 조직 등의 발전 정도에 비추어 볼 때 복식부기가 생성될 수 있는 경제적 여건이 성숙되어 있었다고 주장했다. 고려시대의 문자 사용, 인쇄술의 발달, 수학 지식의 보급[22] 정도 등 사회·문화적 여건도 복식부기의 출현을 필요로 하는 수준에 달했다고 주장했다. 나아가 고려시대에 활발했던 동서 교류를 감안할 때 사개송도치부법이 서양 부기의 원형일 수 있다는 복식부기 서진설(西進說)을 제기했다.

윤근호의 문헌 연구에 의한 사개송도치부법의 고려시대 기원설은 신뢰할 만하나, 고려시대의 실제 장부가 발견되지 않아 실증적으로 단언할 수는 없다. 그러나 최소한 18세기 중반 실제 장부가 남아 있고, 기장 기술과 용어 등이 독창적이며, 이들 용어 사용 기원이 7세기까지 거슬러 올라간다.[23] 복식부기의 기본 원리는 훼손하지 않으면서 다양한 계정과목을 창안해 활용하고 결산했다는 점에서 사개송도치

---

22 고려의 최고 교육기관인 국자감(國子監)에는 산학박사(算學博士) 세 명이, 각 관서에는 산사(算士)가 있었다. 당시 중국 수학인 송나라의 양휘산법(楊輝算法), 원나라의 상명산법(詳明算法) 및 산학계몽(算學啓蒙)이 고려에 전해져 있었을 것으로 추정된다(윤근호, 앞 책, 『한국 회계사 연구』). 『삼국사기(三國史記)』에 의하면, 682년에 설립된 신라의 국학(國學)에는 명산과(明算科)를 두었고, 이곳에서 가르친 수학 과목 중 지금까지 전해지는 것이 『구장산술(九章算術)』이다. 여기에는 오늘날의 방정식을 의미하는 방정(方程), 피타고라스 정리인 구고정리(勾股定理), π를 나타내는 밀률(密率), 플러스와 마이너스의 개념 등 현대 수학의 내용들이 포함되어 있어 최소한 7세기 우리 수학 수준이 상상을 초월함을 알 수 있다(허성도, 2010). 뿐만 아니라 고려시대에 숫자 표기법으로 호산(胡算)을 사용했기 때문에 아라비아 숫자와 비교해 손색이 없었다. 호산에서는 1부터 9까지는 丨, 丨丨, 丨丨丨, 乂, 8, ㅗ, ㅛ, ㅛ, 乂로, 10, 20, 30은 十, 卄, 卅으로 각각 표기한다.

부법은 우리나라에서 최소한 18세기 중반 이전에 독창적으로 기원한 복식부기로 추정된다.

복식부기는 자본주의의
파수꾼이다

자본주의 융성의 핵심 요소는 한정된 재원을 수익성이 높은 순서대로 사업에 투자해 그 효율성을 극대화한 데 있다. 수익성을 계량적으로 계산하고 예측하는 데 회계 자료는 가장 중요하고 기본적인 정보다. 따라서 자본주의 사회에서 자원의 효율적인 배분을 결정하는 기반이 회계 정보다. 회계 정보는 바로 복식부기가 생산하는 정보다. 진실하지 않은 회계 정보에 의거해 자원을 배분하면 당연히 효율성이 실현되지 않아 자본주의도 존립하기 어렵게 된다.

자본주의 사회의 경제 활동은 거래로 나타난다. 기업의 경우, 경영자와 보상계약, 종업원과 단체협약, 은행과 부채 약정, 고객과 거래약관 등을 통해 거래가 이루어진다. 이렇게 볼 때 기업은 '계약의 집합체(nexus of contract)'다. 당사자들이 진실한 정보를 공유하는 가운데 거래가 이루어지면 거래는 안정적으로 지속될 것이다. 물론 이때의 정보

---

23 부기와 관련된 가장 오래된 기록은 차변과 대변을 구분하는 차중(此中) 이(以) 표시다. 7세기 「신라촌락문서(新羅村落文書)」에 이 표시가 나타난다(허성관, 「한국 전통 회계 기록의 책임성과 진실성의 역사적 기원」, 허성관 외, 『한국 전통 회계와 내부통제시스템 II』, 민속원, 2011).

도 대부분 회계 정보다. 어느 한쪽이 상대방을 속이면 거래는 지속될 수 없다. 정보가 많은 사람과 적은 사람이 거래하면 정보가 많은 사람이 이길 수밖에 없다. 거래가 원활하게 이루어지지 않으면 자본주의가 존립할 수 없다. 따라서 회계 정보는 진실해야 하고, 거래 당사자는 서로 비슷하게 정보를 가지고 있어야 한다. 일정 정도의 회계 정보는 잠재적인 이용자들에게도 공시되어야 하는 공공재(public good) 성격을 가질 수밖에 없다. 그래서 최초의 회계 기록인 분개장과 계정별로 분개 결과를 모은 총계정원장(general ledger)은 공시하지 않고 이들 기록을 요약한 재무제표와 이를 설명하는 주요한 내용은 공시하도록 법으로 규정하고 있다. 결국 자본주의 존립의 필요조건은 투명한 회계 정보와 투명한 공시다. 자본주의 경제 시스템이 제대로 작동하고 있는지를 지키는 파수꾼이 회계다.

서양에서 발생한 최초의 대대적인 회계부정은 1720년에 발생한 '남해 포말 사건(South Sea Bubble)'이다. 남해회사(South Sea Company)는 스페인령 아메리카와의 노예무역을 목적으로 1711년에 설립되었다. 당시 스페인 왕위 계승 전쟁이 끝나면 스페인령 아메리카와의 노예무역이 허용될 것으로 기대했기 때문에 이 회사가 설립되었다. 이 회사의 주식에는 6%의 배당이 보장되었다.

전쟁의 결과 체결된 1713년의 위트레흐트 조약(treaties of Utrecht)은 회사의 기대에 미치지 못했지만, 1718년 영국 국왕이 이 회사의 책임자가 되고, 이어 100% 배당을 실시하고, 1720년에 의회 승인을 얻어 국채를 인수하게 되면서 회사 내부자와 사기꾼들의 농간으로 주가가 급등했다. 1720년 1월 주당 128.5파운드였던 주가는 1,000파운드 이상으로 폭등했다가 9월 시장이 붕괴되면서 12월에는 124파운드로 폭락했다. 많은 투자자가 파산했다. 그중에는 유명한 물리학자 뉴턴 (Isac Newton)도 있었다. 이 사건은 회계가 미비했고, 그 정보가 이해관계자에게 제공되지 않았으며, 회계 감사 기능도 작동하지 않았기 때문에 발생했다. 이 사건으로 영국에서는 반세기 동안 투자 자금을 모으기가 어려웠다.[24]

우리나라에서 투명하지 않은 분식회계, 즉 번질회계는 『속대전』에 처음으로 나타난다. 이어 정조 대에 지방에 파견하는 암행어사에게 왕이 내리는 봉서(封書)에 창고의 번질을 철저히 조사해 처벌할 것을 지시하는 내용들이 나타난다.[25] 이러한 내용은 조선 중기 이후 번질회계 문제가 심각해졌음을 보여주는 증거다. 특히 노론 정파의 일당독재에 들어간 1800년 정조 사후의 회계부정은 망국으로 가는 가장 큰 요인이 되었다. 1818년에 간행된 다산 정약용의 『목민심서』는 지방 수령이 환곡과 관련해 백성을 수탈하는 여섯 가지 부정한 방법을 적시하고, 그 첫째인 번질을 다음과 같이 설명하고 있다.

첫 번째 번질이란 무엇인가? 겨울이 되어 곡식을 거두는 일을 아전들의 말로는 환봉(還捧)이라 한다. 이 일은 본디 연말을 기한으로 삼는데, 이에 아직 거두어들이지 않은 것을 다 거둔 것으로 사칭하고 거짓 문서를 작성해 감사에게 보고한다. 새해 봄이 되면 원래 나누어 주지도 않은 곡식

---

24 C. J. Hasson, "The South Sea Bubble and Mr. Snell", *Journal of Accountancy* 54, August 1932, pp. 131~132.
25 전성호, 앞 책, 『조선시대 호남의 회계 문화』, pp. 34~38.

을 다시 나누어 준 것으로 속여 문서를 거짓으로 꾸미고 상사에게 보고

한다. 이것을 일컬어 번질이라 한다.[26]

원래 환곡이란 백성들이 어려울 때 나라에서 곡식을 빌려주고 가을 걷이가 끝나면 갚도록 하는 구휼 정책인데, 빌려주지도 않고 빌려준 것처럼 백성들에게 할당한 다음, 이자로 곡식을 거두는 수탈 수단이 되었음을 알 수 있다. 이런 상황이었으니 나라가 망하지 않을 수 없었을 것이다.『목민심서』는 다음과 같이 개탄하고 있다.

살아 있는 백성에게는 뼈가 부러지는 병폐가 되었으니, 백성이 죽어나가

고 국가가 망하는 것은 눈앞에 닥친 일이다.[27]

조선조 정부 회계에서 내부통제제도가 엄격했는데도 이런 회계 부정이 가능했던 것은 관리들이 서로 담합했기 때문이다. 그러나 노론 정파의 일당독재로 관리 상호 간에 견제 기능이 실종되어 담합을 적발하지 못했다. 집권당인 노론 정파가 국가 권력을 사익 추구 수단으로 삼으면서 재정이 문란해진 것이 나라가 망한 중요한 요인이었다. 번질회계는 민간 기업은 물론 국가 경영 시스템을 파괴하는 범죄다. 투명한 회계 정보와 투명한 공시는 현대 자본주의 사회를 뒷받침하는 기본 인프라다.

26　정약용,『목민심서 3』, 다산연구회 역, 창작과비평사, 1981, p. 14.
27　위 책, p. 8.

다음 장에서는 등록문화재 587호인 박영진가 복식부기 장부를 분석해보자.

제4장

박영진가
복식부기 장부[28]

2005년에 발견된 개성상인 박영진가 장부는 세계에서 가장 오래된 완전한 복식부기 장부로 밝혀짐에 따라 등록문화재 587호로 지정되었다. 이 장부는 거래의 분개, 전기, 결산 등 회계 순환 과정이 현대 복식부기와 비교해 원리 면에서 차이가 없는 완벽한 복식부기로 확인되었다. 이익 관련 항목만 조정해 재배치하면 오늘날의 재무제표로 바꿀 수 있는 검증 가능한 복식부기다. 완전한 자료가 존재하는 1894 회계연도부터 1899 회계연도까지 6년 동안 일관된 원리에 따라 회계를 처리했고, 사업 내용이 달라짐에 따라 새로운 회계 처리 방법이 도입되었으나, 당시 조선에 소개된 서양 복식부기의 영향을 받은 흔적은 없다.

세계에서 가장 오래된
완전한 복식부기 장부

박영진가 장부는 1887년부터 1912년까지의 기록이다. 장부가 마감된 후 93년 만에 세상에 모습을 드러낸 것이다. 이 장부가 기록된 기간은 우리 역사에서 나라가 망해가는 가슴 아픈 시기다. 일제 강점기, 남북 분단과 전쟁, 군사독재 등 암울한 시기를 거치면서도 이 장부를 소중하게 보관해온 박영진가에 경의를 표한다. 다행히 2014년 2월, 문화재청은 이 장부를 '개성 복식부기 장부'로 명명하고 등록문화재 587호로 지정했다. 이 장부는 현전하는 완전한 복식부기 장부로서는 세계에서 가장 오래된 것이다. 서양의 경우 1930년대 이전의 완전한 복식부기 장부는 알려진 것이 없다. 박영진가 장부가 출현하기 전에 몇 쪽의 단편적인 것을 제외하고 연구 대상이 된 장부는 세 개다. 일본 고베국립대학 인문사회과학계도서관에 보관되어 있는 장부, 우리은행 박물관에 보관되어 있는 대한천일은행 장부, 북한 사회과학원에 보관되어 있는 장부다.

---

28 이 장의 내용은 허성관, 「박영진가의 19세기 사개송도치부 장부 회계순환 구조」『회계저널』, 2015년 4월호와 허성관, 「박영진가의 19세기 말 복식부기 장부의 회계 처리 방법의 진화」『경영학연구』, 2016년 6월호에서 발췌·보완한 것이다.

장부가 복식부기인지 여부를 밝히기 위해서는 회계순환 과정 전체를 분석해야 한다. 이를 위해서는 분개장, 원장, 재무제표가 있어야 한다. 고베대학 장부는 1918년 기록에만 이 세 장부가 포함되어 있으나, 1918년 전체 기록이 아니다. 일기장이 세 쪽, 자본과 부채계정을 모은 타급장책(他給帳冊)과 자산계정을 모은 외상장책(外上帳冊)이 각각 두 쪽밖에 없기 때문에 회계연도 전체에 대해 완전한 복식부기인지 여부를 분석할 수 없다.

윤근호[29]는 대한천일은행 장부를 검토한 결과, 사개송도치부법으로서는 가장 발전된 단계의 복식부기이고, 서양 복식부기와 비교해 손색이 없을 뿐만 아니라 오히려 독특한 특색을 지닌 우수한 기록법이라고 평가했다. 그러나 대한천일은행 장부 중에서 분개장은 1899년 1월 29일부터 1903년 10월 30일까지, 결산서는 1900년부터 1905년까지 기록이 있으나 원장은 1899년 6월 기록만 있기 때문에 회계연도 전체에 대한 종합적인 분석이 불가능했다.

북한 사회과학원이 소장하고 있는 장부는 부채계정과 자본계정을 모은 타급장책과 자산계정을 모은 외상장책으로서 1756년부터 1937년까지의 기록이다. 구체적인 내용과 결락된 부분이 아직 확인되지 않고 있지만, 1756년 기록은 사개송도치부 장부 중에서 가장 오래된 것이다. 조익순과 정석우[30]는 이 장부 중에서 1756년부터 1909년까지의 외상장책과 타급장책 11권을 분석했고, 분석 결과 이들 원장의 기입

---

29 윤근호, 앞 책, 『한국 회계사 연구』.
30 조익순·정석우, 「복식부기로서의 사개송도치부법 성립 시기에 관한 탐색」 『회계저널』, 2007, pp. 105~123.

박영진가 장부 모음.

내용이 복식부기의 초기 형태라고 주장했다. 이 장부에는 분개장인 일기장과 결산서인 주회계책(周會計冊)이 없어 장기간에 걸친 회계 기록임에도 불구하고 복식부기 여부를 검증하는 완전한 자료가 될 수 없다. 이 장부는 다른 사개송도치부 장부와 마찬가지로 한자 초서로 기록되어 일반인들이 읽기 어렵다. 2004년에 이 장부 복사본이 국내에 입수되었지만, 탈초 과정을 거친 다음에야 읽을 수 있다. 이 장부를 대상으로 한 심도 있는 연구는 좀 더 시간이 필요하다.

　박영진가 장부의 회계연도 말은 9월 15일이다. 장부의 종류와 기록 기간 등을 정리하면 표1과 같다. 일기장, 외상장책, 타급장책은 회계의 주요 장부이고, 주회계책은 재무제표다. 오늘날 회계에서 일기장은 분개장이고, 외상장책과 타급장책은 총계정원장이다. 일기장에는 1887년 8월 15일부터 1912년 4월 15일까지의 거래가 분개되어 있다. 외상장책에는 1887년 8월 15일부터 1901년 4월 15일까지, 타급장책에는 1887년 8월 15일부터 1901년 9월 15일까지의 분개가 전기되

표1 박영진가 장부의 종류와 기록 기간

장부 명칭	기록 기간	면 수
일기장	1887. 8. 15.~1912. 4. 15.	814
외상장책	1887. 8. 15.~1901. 4. 15.	68
타급장책	1887. 8. 15.~1901. 9. 15.	46
주회계책	1892~1907, 1910~1911	40
각인물출입기	1884. 9. 10.~1896. 9. 22.	87
각인회계책	1897. 3. 15.~1904. 9. 15.	232
외상초	1893. 1. 27.~1895. 3. 10.	21

어 있다. 재무제표인 주회계책에는 1892년 9월 15일에 끝나는 5차 회계연도부터 1911년 9월 15일에 끝나는 24차 회계연도까지 회계짐작초(會計斟酌抄)와 주회계(周會計)가 포함되어 있으나, 1908·1909 회계연도 자료는 누락되어 있다. 따라서 회계순환 과정인 분개, 전기, 결산을 회계연도별로 분석할 수 있는 완전한 자료가 구비되어 있는 기간은 1892년부터 1900년까지 9년이다. 박영진가 장부는 사개송도치부법의 회계연도별 회계순환 과정을 살펴볼 수 있는 현전하는 유일한 장부다.

박영진가 장부에 포함된 각인물출입기(各人物出入記), 각인회계책(各人會計冊), 외상초(外上抄)는 보조 장부다. 각인물출입기는 개인별 상품 매매를 기록한 장부다. 각인회계책에는 박영진가가 합작 사업을 위해 설립한 사업 주체인 도중(都中)의 회계 기록과 도중 구성원으로서 박영

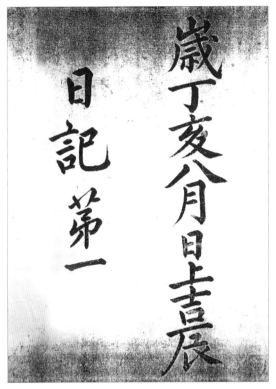

박영진가 장부 정해년(1887) 분개장 표지. 일상길진(日上吉辰)이 표기되어 있다.

진가와 거래가 빈번한 개인과의 회계 기록이 담겨 있다. 외상초는 주요 거래선별로 외상거래를 기록한 것이다. 각처전답문기등록(各處田畓文記謄錄)은 논밭의 매매, 보유, 소작인 등을 기록한 문서이며, 이 외에도 오늘날의 상품 송장에 해당하는 장끼, 영수증인 자문(尺文) 등이 남아 있다.

　박영진가 장부에는 상호가 나타나 있지 않다. 그러나 개인기업 장부임이 확실하다. 회사로 유추할 수 있는 흔적이 없다. 우리나라에 회사제도가 도입된 해는 1883년으로, 당시 정부 기관이던 통리기무아문(統理機務衙門) 인가를 받아 설립할 수 있었다. 통리기무아문 일기에는 1883년부터 1894년까지 설립된 회사들의 이름이 기록되어 있다. 여기에 박영진가 기업은 없다. 제5차 회계연도가 1892년 9월 15일에 끝나고, 최초 기록이 1887년 8월 15일이며, 같은 날짜에 자본을 출자한 회계 기록이 있는 것으로 볼 때 개업 시기는 1887년이 확실하다. 이 기업 주인이 장부에는 발곡댁(鉢谷宅)으로 나타난다. 발곡댁은 이 기업을 소유한 사람 부인의 택호(宅號)임이 확실하다.

박영진가 일기장은 거래를 발생 순서대로 분개한 분개장인 동시에 분개 내용이 오늘날과 달리 상세하기 때문에 일기장이다. 두 쪽마다 끝에 현금 잔고(cash balance)를 기록하고 현금계정을 따로 설정하지 않았기 때문에 일기장은 현금계정을 겸하고 있다. 일기장은 세로쓰기로 되어 있다. 세로쓰기는 우리 전통 고문서의 쓰기 관행이다. 쪽마다 거래가 17~21건 분개되어 있다.

이 장에서는 1893년 9월 16일부터 1894년 9월 15일까지 1년 동안의 거래 595건을 분석해 박영진가 사개송도치부 장부가 복식부기인지 여부를 확인한다. 박영진가는 자금을 융통하는 금전대차와 포목과 소금을 매매하는 상품 매매업으로 사업을 시작했으며, 시간이 지나면서 은과 토지 및 인삼도 매매하고, 직접 인삼을 재배하고 벼 농장을 경영하기도 했다.

사개송도치부법에서 사개(四介)는 봉차(捧次), 급차(給次), 수익, 비용이다. 봉차는 자산이고, 급차는 부채와 자본이다. 봉차와 급차는 이두 표기다. 봉차는 '받자'로, 급차는 '주자'로 읽는다. 봉과 급은 뜻으로

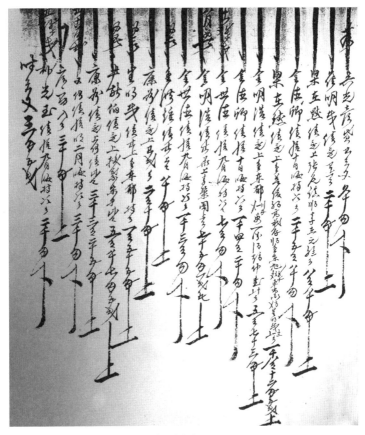

분개 내용. 끝줄의 현금 시재가 4,513량 9전이다.

읽고, 차는 비슷한 발음인 '자'로 읽는다. 계정의 우리말이 질(秩)이다. 질 역시 이두인데, 오늘날 우리가 사용하고 있는 바느질, 쟁기질 등에서 보는 바와 같이 뭔가 일어나고 있는 활동을 의미하는 '질'을 음이 같은 한자 '秩'로 표기한 것이다. 따라서 우리말로 하면 자산계정은 '받자질', 부채와 자본계정은 '주자질'이다. 봉차와 급차는 현대 회계에서 'receivable'과 'payable'에 각각 정확하게 대응된다.

현금이 봉차 항목이지만 박영진가 장부는 현금계정을 설정하지 않았기 때문에 다음과 같은 회계등식이 성립한다.

봉차 + 현금 잔고 = 급차 + 수익 - 비용

여기서 봉차는 현금을 제외한 모든 자산이고, 급차는 부채와 소유자 지분이다. 이 등식에서 봉차를 오른쪽으로 이항해 정리하면 다음과 같다.

현금 잔고 = 급차 - 봉차 + 수익 - 비용

이 식은 어떤 거래든지 사개에 영향을 미치게 되고, 그 결과는 최종적으로 현금에 대한 영향으로 나타남을 의미한다. 박영진가 장부에서는 일기장 두 쪽마다 끝에 현금 잔고가 기록되어 있다. 다음 두 쪽에 걸쳐 기록된 분개 중에서 현금 입금 합계와 출금 합계의 차액을 이월되어 온 현금에 가감하면 현금 잔고인데, 이 분개장 현금 잔액이 같은 날짜 금고 속 현금 잔액과 반드시 일치해야 한다. 이는 현금이 들고 나는 금고를 중심으로 사개가 맞아떨어진다는 현병주 선생의 주장과 일치한다. 박영진가 일기장 현금 잔고와 금고의 현금 잔고를 대조해 분개의 정확성을 검증하므로 그만큼 현금을 중시하는 경영 관행이다. 거래 이중성과 대차평균을 현금을 중심으로 바라보는 관리 관점이다. 모든 거래의 대차 차액이 당기순이익으로 집약되고, 당기순이익이 소유자 지분에 가산되어 최종적으로 대차대조표의 차변과 대변이 일치하는 오늘날의 회계와 비교할 때 사개송도치부법은 현금 잔고를 중심으로 기록의 정확성을 점검하는 추가적인 기능이 있었다고 할 수 있다.

뿐만 아니라 자산, 부채, 수익, 비용의 개념이 오늘날의 재무회계보다 훨씬 명료하고 간략하다. 오늘날 회계에서 자산은 '과거 거래나 사건의 결과로서 현재 기업실체가 지배하고 미래에 경제적 효익을 창출할 것으로 기대되는 자원'으로 정의한다. 그러나 사개송도치부법에서 봉차는 나갔지만 반드시 다시 들어와야 하는 돈이고, 급차는 들어왔지만 반드시 다시 나가야 하는 돈이며, 수익은 한번 들어오면 다시 나가지 않는 돈이고, 비용은 한번 나가면 다시 돌아오지 않는 돈이다.[31] 이러한 인식은 현금을 중심에 두고 거래를 바라보는 것이다.

거래 이중성과 대차평균을 준수한 복식부기 장부다

박영진가 장부의 1894 회계연도 업종은 포목, 소금 등을 취급하는 상품 매매업과 금전대차인 금융업이다. 이들 업종과 관련된 대표적인 거래는 현금 대여와 회수, 현금 차입과 상환, 현금 매입, 외상 매입과 변제, 현금 매출, 외상 매출과 회수 등이다. 거래 종류별로 어떻게 분개했

---

31 이런 정의는 현대 재무회계 교과서의 정의보다 초보자들이 이해하기 쉽고 간략하며 명백하다. 이원로(2011)는 봉차를 일거필입금(一去必入金), 급차를 일입필거금(一入必去金), 비용을 일거불입금(一去不入金), 수익을 일입불거금(一入不去金)으로 표현했다.

는지 살펴보자.

다음은 9월 20일(九月卄日) 현금을 대여한 거래의 분개를 가로쓰기한 것이다.

九月卄日 ＿＿ 邊Ⅰ8千 朴命珪**捧次** 今晦債金錫采給文三百兩 **下**

卄는 20을 호산[32]으로 표기한 것이다. ＿＿ 표시는 이 분개가 원장에 전기되었다는 표시다. 변15천(邊Ⅰ8千)은 이자율이 1.5%라는 뜻인데, 변(邊)은 이자이고, Ⅰ8는 1과 5를 호산으로 표기한 것이며, 천(千)은 박영진가 장부에서 1/1,000을 나타낼 때 사용한 용어다. 박명규봉차(朴命珪捧次)는 박명규에게 받을 자산이 있다는 의미다. 봉차는 자산을 의미하는 정형화된 분개 용어다. 금회채(今晦債)는 이달 말, 즉 9월 30일 기한으로 돈을 빌려준다는 표시다. 김석채급(金錫采給)은 돈을 빌려 가는 사람은 박명규지만 실제 돈을 받는 사람은 김석채임을 의미한다. 박명규가 김석채에게 채무가 있는 경우다. 문(文)은 금액 표시로, 오늘날의 ₩과 같은 용법이다. 량(兩)은 당시 화폐의 기본 단위로, '1량＝10전(錢)＝100푼(分)'[33]이었다. 하(下)는 현금이 나갔다는 분개 기호다.

---

32 호산은 표산(標算)이라고도 한다. 호(胡)가 중국 한족이 아니라는 의미이기 때문에 호산은 우리나라에서 전통적으로 사용하던 숫자 표기법이 확실하다. 박영진가 장부에는 이자율과 상품 단가는 모두 호산으로 표기되어 있고, 현금 잔고는 한문과 호산이 섞여 쓰이고 있다.

33 조선왕조에서는 1876년 개항 전후 상평통보(常平通寶)를 화폐로 사용하고 있었고, '1량=10전=100푼(分)'이었다. 1894년 갑오개혁에서 신식화폐발행장정(新式貨幣發行章程)을 제정, 은본위제도를 도입해 '1량=10전=100푼'으로 했으며, 5량 은화가 본위화폐였다. 1901년 화폐조례(칙령 제4호)에 따라 금본위제도로 이행했고, '1환=100전'으로 순금 2푼(分)=1환이었다. 이후 일제 강점기에 들어가면서 일본 화폐제도에 통합되었다.

이 분개는 오늘날 '대여금(박명규) 300 / 현금 300'에 해당한다. 현금 대여거래 분개는 '捧次 …… 下'로 정형화되어 있음을 알 수 있다. 대여금이라는 자산이 증가하고 현금 자산이 감소하는 거래 이중성이 분개에 반영되어 있다. 다만 박영진가 장부에서는 대여금이라는 명칭 대신에 박명규에 대한 채권으로 표시했다. 이 형식 분개에서 捧次와 下는 고정되어 있고 그 밖의 내용은 거래에 따라 달라진다. 오늘날의 분개보다 거래의 구체적인 내용을 포함하고 있기 때문에 박영진가의 일기장은 오늘날의 분개장과 일기장이 통합되어 있는 것으로 볼 수 있다.

위 거래와 관련해 대여금을 회수한 거래의 분개는 다음과 같다.

十一月初九日 ____ 朴命珪債還上文三百兩 上
十一月十五日 ____ 朴命珪債計上文十五兩七錢五分 上

11월 9일 분개에서 박명규채환상(朴命珪債還上)은 박명규에게 빌려준 돈을 받았다는 의미다. 끝의 상(上)은 현금이 들어왔다는 표시로, 다른 사개송도치부 장부와 동일하다. 11월 15일 분개에서 계상(計上)은 이자를 받았다는 의미다. 위 9월 20일 대여거래를 원장에 전기할 때 9월 분 이자 4.5량, 10월분 이자 11.25량, 합계 15.75량을 미리 계산해서 원장에 기록했다.[34] 이 두 분개는 오늘날의 분개인 '현금 300 / 대여금(박

---

34 이 경우에는 이자율이 월 기준이지만 이자를 일할(日割) 계산한 것이다. 그러나 이자를 일할 계산한 경우는 많지 않고, 일할 계산하는 기준도 명확하지 않았다. 차입 또는 대여 기간 전체에 대한 이자율을 표시한 경우도 있었다.

명규) 300'과 '현금 15.75 / 수입이자 15.75'에 해당한다. 대여금 회수 분개는 '…… 還上 …… 上'으로 정형화되어 있다. 원금을 받은 거래는 채권이 감소하고 현금이 증가하는 거래 이중성을 반영하고 있고, 이자를 받은 거래는 받을 것으로 예상하고 미리 기록해 놓은 채권이 감소하고 현금이 증가하는 거래 이중성을 반영한 것이다. 이 거래 분개에서 박영진가 장부에는 수입이자계정이 없음을 알 수 있다. 결산할 때 각 계정의 수입이자를 별도로 합산해야 총액을 알 수 있게 되어 있다.

아래 분개는 현금을 차입한 거래다.

十月十五日 ____ 計〣〥千式 李明哉**入**今晦債文一千兩 **上**

10월 15일 분개로, 이자율[35] 월 3.5%에(計〣〥千式) 이명재로부터(李明哉入) 10월 말 기한(今晦債)으로 1,000량을 현금(上)으로 빌린 거래다. 이 분개는 오늘날의 '현금 1,000 / 차입금(이명재) 1,000'에 해당한다. 차입거래 분개는 '…… 入 …… 上'으로 정형화되어 있다. 入은 부채 증가와 자본 증가에 사용하는 분개 용어다. 이 거래는 현금이 증가하고 차입금인 부채가 증가하는 거래인데, 거래 이중성이 入과 上으로 명확하게 인식되어 있다.

다음 분개는 이명재에게 빌린 돈 1,000량과 그 이자 25량을 갚은

35 앞의 예에서는 이자율이 1.5%였으나 여기서는 3.5%로 큰 차이가 있다. 박영진가 장부가 26년간의 이자율 시계열을 포함하고 있어 20세기 전후 금리 변동을 통해 당시 우리 경제의 실상을 연구할 수 있을 것이다. 자금거래 분개 앞쪽에 이자율이 표기되어 있으나 전기 완료 표시인 타점(-)이 덮어쓰여 있어서 식별이 대부분 불가능하다. 그러나 이자 지급액에서 역산해 이자율을 확인할 수는 있다.

거래다.

十月卄八日 ____ 李明哉債還給文一千二十五兩 下

환급(還給)은 채무를 갚았다는 의미다. 채무상환 분개 형식이 '······ 還給 ······ 下'다. 1,025량을 지급한 것은 이자 25량이 포함된 것이다. 이 분개는 오늘날의 '차입금(이명제) 1,025 / 현금 1,025'이다. 차입금 원금 1,000량과 갚아야 할 이자 25량, 합계 1,025량의 부채가 감소하고 현금이 같은 금액 감소한 거래의 이중성을 반영하고 있는 분개다. 이 분개는 지급이자계정이 없음을 보여준다. 결산할 때 각 차입금계정에 포함된 지급이자를 별도로 합계해야 전체 지급이자를 알 수 있다.

박영진가 장부에는 받을어음계정과 지급어음계정이 없다. 당시 어음거래가 일반화되어 있었던 점에 비추어 볼 때 이례적이다. 관련 거래들을 확인한 결과, 어음을 발행한 거래는 없지만, 자금을 대여할 때 어음을 받은 거래는 다수였다. 어음이 거래의 증빙서로서 활용되었거나, 어음을 현금과 동일하게 보는 신용을 중시하는 경영 관행을 반영한 결과일 수 있다.

자금 융통은 개인 간 직접거래와 중개인을 통하는 간접거래가 있었다. 중개인을 통해 차입하는 경우에는 이자 외에 수수료를 따로 지급했다. 중개인을 통한 자금거래가 시변(時變)이다. 시변은 개성상인들의 단기자금 융통 방법인데, 오늘날의 콜(call)거래와 유사하다. 중개인을 통한 대규모 자금거래가 최소한 1890년대 이전부터 존재했음을 알 수 있다.

상품매매 거래는 매득(買得)계정에 분개되어 있다. 매입 부대비용을 전부 매입원가에 산입했는데, 이는 오늘날의 회계 처리와 같다. 매입 부대비용은 따로 계정을 설정하지 않았으나, 세부 내역을 매득계정에 기재했기 때문에 필요하면 역산이 가능하다.

다음 분개는 외상으로 상품을 매입하고 매입 소개비를 지급한 거래다.

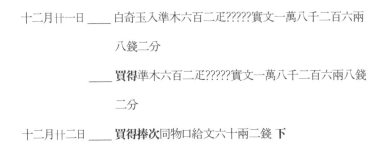

첫째 줄은 백기옥(白奇玉)으로부터 준목(準木) 602필(疋)을 실제 금액(實文) 18,206.82량에 외상으로 매입한 것이다. 필은 포목 길이를 표시하는 단위로, 지역에 따라 차이가 있으나 대개 40자가 한 필이었다. 둘째 줄은 매득준목(買得準木)으로 표시해 준목이라는 상품계정으로 분개한 것이다. 매득은 매입을 의미하지만, 내용은 상품이다. 준목은 국어사전에 보이지는 않으나 당시 거래표준 역할을 담당했던 무명베인 것으로 보인다. 이 분개는 오늘날의 '상품(준목) 18,206.82 / 외상 매입금(백기옥) 18,206.82'와 동일하다. 이 거래는 上·下 표시가 없어 현금이 개재되지 않은 외상거래다. 분개가 두 줄이지만 하나의 분개이기 때문에 이를 표시하는 등자(ㄴ) 부호로 연결되어 있다. 외상 매입 분개 형식이 '買得 …… 入 ……'이다. 入은 부채 증가를 나타내는 분개 기호다. 물음표는 글자를 읽을 수 없는 부분이지만, 유사한 거래와 비교할 때 단가임이 확실하다. 만약 현금 매입 거래면 첫째 줄은 없어지고 대신 둘째 줄 끝에 현금 지급을 의미하는 下를 표시한다. 실(實)은 부대비용을 포함 또는 차감한 실제 금액임을 의미한다.

이 분개에서는 차변에 오늘날의 '매입' 대신에 '상품'계정을 사용하고 있기 때문에 매출이 발생하는 경우 상품계정 대변에 기록하게 된다. 즉, 박영진가 장부의 매득계정은 상품출납장이다. 따라서 오늘날 회계 기준에 허용된 회계 처리 방법으로 복식부기 원리가 분개에 구현되어 있다.

셋째 줄 12월 22일 분개는 매득봉차(買得捧次)로 표시해 상품계정에 자산 증가로 동물구급(同物口給), 즉 준목 매입에 따른 소개비 60.02량을 기록한 것이다. 구급은 복가(卜價)로 표시되기도 한다. 소개비를 봉차인 자산으로 취급해 매득계정으로 분개해 매입원가에 산입했다. 이 거래에서 실제 매입원가는 준목가액 18,206.82량에 소개비 60.2량을 더한 18,267.02량이다.

위 거래의 외상 매입금은 여러 차례에 걸쳐 상환되었는데, 마지막 상환거래에 대한 분개는 아래와 같다.

十二月卄九日 ＿＿＿ 白奇玉木價畢給文七千二百七十一兩七錢 下

이 분개는 백기옥에게 목가(木價) 외상 구입 잔액 7,271.70량을 현금으로 지급함으로써 외상거래가 청산되었음을 보여주고 있다. 현대 회계의 '외상 매입금(백기옥) 7,271.70 / 현금 7,271.70'에 해당한다. 목가는 포목 대금을 의미한다. 지급이 끝났다는 뜻인 필급(畢給)은 필환급(畢還給)을 줄여 쓴 것으로, 외상거래와 금전대차거래가 종결되는 분개에만 보인다. 외상 매입금 변제 거래의 분개 형식이 '…… 還給 …… 下'로, '부채 감소, 현금 감소' 거래다.

다음 분개는 외상 매출 거래다.

十月初七日 ＿＿＿ **買得入**準木八十六疋川88實文二千九百七十八兩五錢
四分
崔宗鎭**放**準木四十三疋川88實文一千四百八十九兩二
錢七分
十月初七日 ＿＿＿玄尙浩**放**準木四十三疋川88實文一千四百八十九兩二
錢七分

첫째 줄의 매득입(買得入)에서 入은 매득이라는 자산이 감소함을 나타내는 분개 표시다. 매득계정에서 준목 86필을 꺼내 최종진(崔宗鎭)과 현상호(玄尙浩)에게 43필씩 외상으로 판매한 거래 분개다. 판매액이 3,053량(35.5량×6필)이지만, 할인액 등을 차감한 실제 금액(實文)은 2,978.54량이다. 방(放)은 매출이라는 의미다. 이 분개는 세 줄이지만 단일 거래이므로 등자 부호로 연결되어 있다. 이 분개는 현대 회계의 '외상 매출금(최종진 1,489.27, 현상호 1,489.27) 2,978.54 / 상품 2,978.54'에 해당한다. 외상 매출 분개 형식이 '…… 買得入 …… 放 ……'임을 알 수 있다. 매출은 총매출에서 매출 부대비용을 차감한 순매출액(net sales)

으로 분개했는데, 이는 오늘날의 총액주의 원칙에는 위배된다. 만약 현금 매출이라면 분개 첫 줄 끝에 上을 표시하고 다음 인명계정 두 줄은 없게 된다.

다음 11월 15일 분개는 최종진에 대한 총 3회의 외상 매출금 회수 중 500량을 회수한 두 번째 거래다. 목가환상(木價還上)은 포목 대금을 받았다는 뜻이다. 대여금 회수 분개와 같이 그 형식이 '…… 還上 …… 上'이다.

十一月十五日 ＿＿ 崔宗鎭木價**還上**文五百兩 **上**

표2 박영진가 장부의 거래 유형별 분개 형식

거래 종류	차변	대변
대여금	홍길동捧次	下
대여금 회수	上	홍길동還上
차입금	上	홍길동入
차입금 변제	홍길동還給	下
외상 매입	買得상품명	홍길동入
외상 매입금 변제	홍길동還給	下
현금 매입	買得상품명	下
외상 매출	홍길동放	買得상품명入
외상 매출금 회수	上	홍길동還上
현금 매출	上	買得상품명入

외상거래에 대해 이자를 부과하는 경우도 있었다. 예를 들어, 김홍열에게 1894년 2월 10일에 준목 86필을 외상으로 판매하고 4월 14일에 회수 완료했는데, 이때 이자 50.50량이 포함되어 있다. 거래 금액이 큰 경우 이자를 부과하는 것이 공통적으로 보이나, 이자 부과 기준은 명확하지 않다.

지금까지 설명한 박영진가 장부의 거래 유형별 분개 형식을 요약하면 표2와 같다. 모든 거래의 분개에는 거래 이중성이 반영되어 있고, 각 분개의 대변 금액과 차변 금액이 동일해 대차평균의 원리가 준수되고 있으므로 각 거래에 대해 회계등식이 성립한다. 박영진가 장부 분개는 복식부기 원리를 준수하고 있다.

분개는 각 계정과목에
정연하게 전기되었다

원장에 설정된 계정과목은 일기장과 마찬가지로 세로쓰기로 되어 있다. 자산계정인 받자질은 내(內)자를 기준으로 오른쪽이 차변이고 왼쪽이 대변이다. 부채와 자본계정인 주자질은 內를 기준으로 왼쪽이 차변이고 오른쪽이 대변이다. 사개송도치부법의 경우, 주자질과 받자질 모두 內를 기준으로 차변과 대변을 바꾸어 기록해도 아무 문제가 없다.

회계연도 중 각 분개 전기가 끝나고 대차 관계가 소멸되면 원장의 계정 이름 위에 기와집을 조그맣게 그려두는데, 이른바 효주(爻周)다.

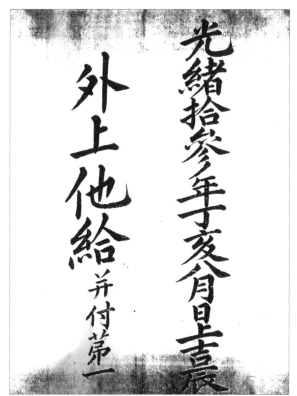

박영진가 장부 정해년(1887) 총계정원장 표지. 일반적으로 외상장책과 타급장책을 별도로 나누는데, 박영진가 장부는 외상타급으로 통합되어 있다.

효주는 이두로서 '지워버린다', '말소한다'는 의미다. 즉, 계정 차변과 대변 금액이 일치해 잔액이 0이 되었다는 표시다. 원장 한 면에 설정되어 있는 모든 계정이 전기 결과 대차 관계가 종료되었으면 쪽 중앙에 세로로 두 줄을 길게 그어 놓았다. 이런 부호 사용은 장부 기록자들이 기계적으로 기록하는 것이 아니라 계정의 대차 관계를 면밀히 점검하면서 전기한 결과를 반영하고 있다.

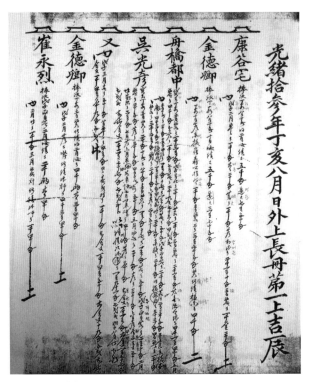

부채와 자본 계정들.

기말에 결산할 때는 효주 표시가 없는 계정의 잔액만 한곳에 모으면 잔액시산표가 된다. 오늘날에는 회계연도가 종료되면 장부를 마감하지만, 박영진가 장부는 대차 관계가 소멸되면 계정별로 전기할 새로운 여백을 마련한다. 대차 관계가 소멸되지 않았으면 계속해서 여백이 다할 때까지 전기했다.

박영진가 장부 자산계정인 받자질을 모은 외상장책에는 1894 회계연도에 93개 계정이 설정되어 있는데, 매득계정 네 개를 제외하면 89개가 인명계정이다. 부채와 자본계정인 주자질을 모은 타급장책에는

29개 계정이 포함되어 있다. 이 중 아홉 개 계정에서는 회계연도 중 현금이나 상품매매 거래가 없었고, 기말에 미지급이자를 계상하는 기록만 있다. 주자질의 명칭은 대부분 개인 이름이나 부인들의 택호다. 인명이 아닌 명칭을 사용한 급차질은 우세조(牛稅條), 혼용조(婚用條), 신책(新冊), 경환[36]태가(京換駄價), 별비조(別費條), 계조(稧條) 등이다.

박영진가 장부 1894 회계연도 분개 595건 전기를 확인한 결과, 전기가 누락된 경우가 발견되었다. 신책계정에 전기가 두 건 누락되어 있으나, 당일자로 대차 관계가 소멸된 거래들이다. 이 생략은 사개송도치부법에서는 당일자로 대차 관계가 소멸되는 분개는 전기하지 않는다는 김기호의 주장과 일치한다.[37] 표천댁(飄泉宅)과의 거래는 타급장책에 계정도 없고 전기도 누락되었다. 1894년 2월 6일에 500량을 차입하고 같은 달에 3차에 걸쳐 이자 없이 전액 상환한 분개 전기가 누락되었다. 외상장책에 구중순(具仲犉) 계정이 설정되어 있지 않아 관련 분개 다섯 건도 전기되지 않았다. 이 두 계정 전기 누락은 같은 금액이 차변과 대변에서 누락되었기 때문에 결산 결과에는 영향이 없다. 그러나 오늘날의 총액주의 원칙에는 위배된다. 이 두 계정의 기록이 멸실되었을 가능성도 있다.

---

36 서울에서 발행한 어음이 경환(京換), 송도에서 발행한 어음이 송환(松煥), 인천에서 발행한 어음이 인환(仁煥), 평양에서 발행한 어음이 평환(平煥)이다. 환(換)이 어음이지만 실제 운용상에는 어음과 차이가 있다. 어음은 같은 지역에서 발행한 어음을 지칭하고, 환은 원격지에서 발행한 어음을 지칭한다. 개성에 소재한 박영진가에서 서울에서 발행한 어음을 받게 되면 이를 중개소에서 할인해 자금을 회수하는 것이 일반적인 관행이었다. 경환태가는 서울에서 발행한 어음의 이자를 기록하는 계정이다.

37 김기호, 『송도치부법사개문서의 개요』, 동광인쇄소, 1986.

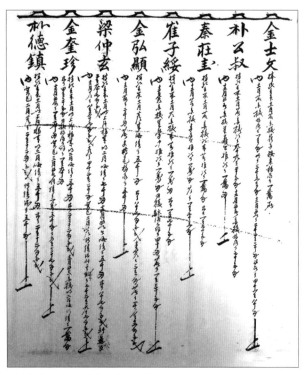

외상장책에 기록된 자산계정들.

　신책계정은 특이하다. 대차대조표인 주회계에 1893년 9월 15일자
는 신책계정이 주자질에 보고되어 있으나 1894년 9월 15일자에는 받
자질에 나타난다. 신책계정과 관련된 거래를 오늘날의 계정 형식으로
정리한 결과가 표3이다. 기초잔액 61,724.44량은 입금이 출금을 초과
하는 잔액이므로 부채임이 확실하다. 반면, 1894 회계연도 말에는 차
변 합계가 대변 합계보다 17,870.54량이 많아 자산인 받자계정으로
이월되어 있다. 단일 계정에서 잔액이 어느 쪽에 남느냐에 따라 이처
럼 자산 또는 부채로 처리될 수 있는 경우는 소유주와의 거래다. 신책

계정 각 입출금에 대해 결산일까지 건별로 이자를 계산해 합한 수입이자가 11,256.48량, 지급이자가 13,726.10량이다. 용처합문(用處合文) 11,840.40량은 여러 용도로 지출한 금액 합계다. 용처합문에 대해서는 회계연도 말에 다음과 같이 분개되어 있다.

표3 신책

(단위: 량)

차변		대변	
1893년 10월 15일	37,150.00	전년이월 (1893년 9월 16일)	61,724.44
12월 7일	3,500.00	1893년 11월 11일	4,210.00
12월 12일	11,950.00	12월 26일	13,750.00
1894년 3월 15일	33,800.00	1894년 2월 6일	1,835.00
4월 14일	15,150.00	5월 16일	4,150.00
5월 8일	5,180.00	8월 17일	2,500.00
7월 27일	2,930.00		
8월 14일	25,690.00		
합계	135,350.00	합계	88,169.44
결산 수입이자	11,256.48	결산 지급이자	13,726.10
원금과 이자 합계	146,606.48		116,895.54
차감: 용처합문	(11,840.40)		
		차기이월(봉차)	17,870.54

— 新冊**還上**用處條移畢文一萬一千八百四十兩四錢 **上**

— 鉢谷宅用**貸去**合文一萬一千八百四十兩四錢 **下**

첫 번째 분개는 용처합문 11,840.40량이 신책에 입금되어(新冊還上) 관련 거래가 종료(畢)되었음을 의미한다. 무엇인가를 청산하는 분개임이 확실하다. 두 번째 분개는 발곡댁에게 같은 금액을 지급했다는 거래다. 이 두 분개를 종합하면 오늘날의 가지급금 거래와 유사하다. 만약 발곡댁이 소유 경영자이고, 신책은 발곡댁의 거래를 기록하는 계정이며, 11,840.40량이 회계연도 중의 비용이라면 회계실체(accounting entity)인 기업이 먼저 소유자인 발곡댁에게 현금을 가지급하고 발곡댁이 연도 말에 신책으로 현금을 입금한 거래가 첫 번째 분개라고 할 수 있다. 이 유추가 맞는다면 결과적으로 비용만큼 소유주인 발곡댁 지분이 감소하게 되는데, 이만큼 회계실체가 소유주에게 현금을 지급하는 두 번째 분개를 실시해 비용만큼 회계실체의 현금을 감소시켜 결산 절차를 진행한 것으로 볼 수 있다. 신책계정을 통해 오늘날의 가지급금처럼 회계 처리하고 기말에 환입받는 동시에 비용으로 처리한 것이다.

박영진가 장부의 전체 기간 손익계산서인 회계짐작초를 살펴본 결과, 1899년부터는 용처합문이 손익계산에 비용으로 반영되었다. 발곡댁은 소유자 부인의 택호이고, 이 인명계정이 소유자 지분 계정이다.

상품 매입비용은 매입원가에 산입되고, 매출은 부대비용을 제외한 순매출로 기장하고, 지급이자는 별도로 계산하기 때문에 나머지 비용 항목은 인건비와 기타 소액으로 빈번하게 발생하는 일반관리비 항목들일 것이다. 개성상인들은 경영에 차인(差人)제도[38]를 광범위하게 활용하고 있었기 때문에 인건비 부담이 오늘날만큼 크지 않았다. 신책 계정을 매개로 비용을 처리한 방식은 오늘날 회계에서 소액현금전도 제도(petty cash fund)와 유사하다. 이렇게 기장한 것은 오늘날의 개념으로 '중요성 원칙(materiality principle)'을 적용한 것으로 이해할 수 있다. 이처럼 특수한 계정을 설정해 활용한 것은 박영진가 고유의 기장 방법으로, 개성상인들이 각각 다양한 방법으로 기록해왔음을 보여주는 구체적인 예다. 이런 특수성은 사개송도치부법의 독창적인 기장 방법인 동시에 우리나라 고유의 복식부기임을 나타내는 증거다.

원장에 전기하면서 이자를 계산해 기록한 것은 오늘날의 기장 방법과 차이가 있으나, 동일한 금액이 해당 인명계정의 대변과 차변에 반영되어 있기 때문에 복식부기 원리에 반하는 것은 아니다. 전기된 박천녀(朴天女) 계정을 세로쓰기에서 가로쓰기로 바꾸면 다음과 같다.

捧次　　　　癸巳十一月初九日 今晦債文五千兩 邊文二百兩

內

十一月卄五日 文七百六十六兩 文一千兩

十二月初一日 文二千六十二兩五錢

初二日 文一千三百七十一兩五錢

첫 줄의 봉차(捧次)는 이 계정이 자산계정임을 나타낸다. 계사(癸巳)

---

38 차인은 가업을 승계할 다른 상인 자식을 맡아 경영 수업을 시키는 경우와, 지점을 맡아 경영하는 사람으로 나뉜다. 전자는 급여가 없고, 후자에게는 이익을 배분한다.

년은 1893년이다. 박천녀 계정의 차변에는 11월 9일에 11월 말 기한 (今晦債)으로 5,000량을 대여했으며, 그 이자(邊)가 200량임이 전기되어 있다. 內는 차변과 대변을 구분하는 기호다. 대변에는 11월 25일 766 량과 1,000량, 12월 1일 2,062.50량, 12월 2일 1,371.50량을 각각 회수한 것을 전기했다. 차변 합계와 대변 합계가 5,200량으로 같아 대차 관계가 소멸했다.

차변에 전기된 11월 9일 분개는 '邊乄兩式 朴天女捧次今晦債文 五千兩 上'이다. 변4량식(邊乄兩式)은 한 달 이자율이 4%임을 의미한다. 따라서 이자가 200량(5,000 × 0.04)이다. 분개에는 이자율만 표시하고 이자 금액은 원장에 기록하고 있다. 원장의 차변은 원금과 미수이자의 합계이고, 대변은 원금과 수입이자의 합계로 나타난다. 결국 결산에서는 각 계정에 포함된 수입이자와 지급이자를 종합해야 하고, 이때 미수이자와 미지급이자도 식별해야 하는 기장법이다. 상품 매매에 이자가 개재되면 같은 방법으로 기장했다.

박영진가 장부는 일부 분개의 전기가 누락되고, 신책과 같은 특수한 계정을 설정했으며, 차입과 대여 거래를 전기할 때 이자를 계산해 원장에 기록하는 등 오늘날 회계와 비교해 차이가 있다. 그러나 결산 시 잔액이 있는 각 계정의 금액을 자산, 부채와 자본으로 구분해 나열하면 현대 복식부기의 잔액시산표다.

결산 결과는 현대 회계로
쉽게 전환할 수 있다

박영진가 장부의 주회계책은 재무제표다. 재무제표는 회계짐작초와 주회계로 구성되어 있다. 다음은 1893년 9월 16일부터 1894년 9월 15일까지인 제7차 회계연도 회계짐작초를 가로쓰기한 것이다. 오늘날 재무회계에서는 손익계산서에서 당기순이익이 산출되고, 그 후 이익 잉여금처분계산서에서 당기순이익을 반영해 기말이익잉여금을 산정

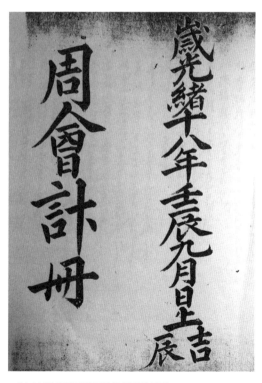

오늘날 결산 재무제표인 주회계책 표지.

하고, 기말이익잉여금을 대차대조표에 반영하면 대차대조표의 대변과 차변의 잔액이 일치해 결산이 종료된다.

各人捧餘文一萬一千八百五十五兩一錢九分

未詳條文七十八兩三分

入 合文一萬一千九百三十三兩二錢二分

　　　內

麗陵里帆近山員田畓價文六千七百兩 除 王允淑處買得

餘文五千二百三十三兩二錢二分

회계짐작초 첫 줄의 각인봉여문(各人捧餘文)은 수입이자가 지급이자를 초과하는 금액이다. 즉, 11,855.19량이 금융업의 순이익이다. 둘째 줄은 어느 계정과 관련되어 있는지 알 수 없는 미상(未詳)인 수입이자가 78.03량임을 보여준다. 이 두 금액을 합한 11,933.22량이 셋째 줄이다. 入은 이 금액이 자본 또는 수익이라는 의미다. 여기에서 왕윤숙에게서 매입(王允淑處買得)한 여릉리 범근산(麗陵里帆近山) 소재 전답 매입 금액(田畓價) 6,700량을 제외한 5,233.22량이 여문(餘文), 즉 잔액이다. 전답은 고정자산으로 당연히 대차대조표인 주회계에 포함되어야 하지만, 이익에서 차감하는 형식으로 기록한 것이다. 오늘날과 비교하면 개인기업 소유주가 인출한 것이며, 복식부기 원리에 어긋나지는 않는다.[39] 따라서 이 회계짐작초는 금융업의 이익만 반영하고, 전기이월이 없는 이익잉여금처분계산서에 해당한다.

표4는 대차대조표인 주회계를 요약한 것이다. 부채와 자본계정인

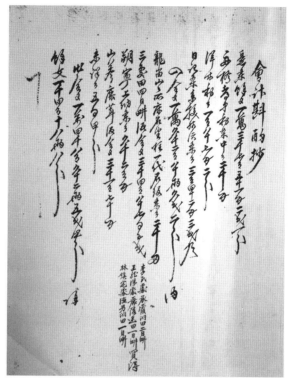

오늘날 손익계산서와 이익잉여금처분계산서를 통합한 회계짐작초 예.

주자질 22개 계정 잔액 합계가 113,453.35량, 자산인 받자질 27개 계정 합계가 118,686.57량이다. 차액인 여문 5,233.22량은 기말이익잉여금으로, 회계짐작초의 여문과 일치한다. 따라서 박영진가 장부는 오늘날의 회계와 같이 대차평균이 반영되어 회계등식이 성립하는 복식

39 1895 회계연도 결산에도 추가로 구입한 전답의 가격을 포함한 1만 4,000량이 회계짐작초의 여문 계산에서 차감되는 형식으로 기록되어 있다. 1896 회계연도 중에도 전답을 구입하고 매각은 없었으나 주회계와 회계짐작초에 전답가가 나타나지 않는다. 회계 처리 방법에 변경이 있었던 것으로 유추된다.

표4 주회계 요약

(단위: 량. 1894년 9월 15일 기준)

부채와 자본(주자질)		자산(받자질)	
발곡댁	60,080.00	윤경백 외 7명 봉차	29,443.99
박재도 외 12명	8,533.58	왕명석 외 6명 대거	1,809.00
혼수조	876.07	김주필 외 7명 간채봉차	56,375.00
우세조	209.59	매득은	9,920.00
별비조	26,450.00	매득준목	3,263.72
도회계	10,060.26	신책	17,870.57
계전급차	198.04	현금 시재	4.29
경환태가	4,015.63		
백목조	2,527.06		
염좌여	503.13		
소계 여문 합계	113,453.35 5,233.22 118,686.57	합계	118,686.57

부기임을 알 수 있다.

주회계 받자질 27개 중에서 매득은(買得銀), 매득준목(買得準木), 신책, 현금 시재를 제외한 23개 계정은 인명계정이다. 이들 인명계정은 봉차, 대거(貸去), 간채봉차(間債捧次)로 주회계에서만 구분 표시되어 있어 그 차이를 명확하게 파악하기 어렵다. 그러나 대거는 대부분 소액 거래이고, 간채봉차는 거래 규모가 큰 어음거래인 것으로 추측된다. 매득은은 은(銀) 거래를, 매득준목은 포목 거래를 기록하는 상품계정이다. 주자질 22개 계정 중에서 혼수조(婚需條), 우세조, 경환태가, 백목조(白木條), 별비조, 도회계(都會計), 계전급차(契錢給次), 염좌여(鹽座餘) 계정은 인명계정이 아니다. 이 중에서 경환태가, 백목조, 염좌여는 각각 경환 거래, 백목 거래, 소금 거래에서 발생한 이익이다.

주회계 주자질의 발곡댁은 연말 결산에서 신책계정과 동일 금액으로 대체 분개가 매년 이루어지는 계정이기 때문에 소유자 지분을 기록하는 계정이 확실하다. 앞에서 설명했듯이 다양한 용도로 지출한 비용만큼 발곡댁 계정을 감소시키는 것은 발곡댁이 소유자 지분 계정일 경우에만 가능하고, 이 합계액은 비용일 수밖에 없다. 발곡댁 계정을 가로쓰기하면 다음과 같다.

> 入 癸巳九月十五日上片移來癸巳九月本文六萬二千五百三十九兩四
> 錢八分
> 甲午八月至邊文九千三百八十兩九錢二分
> 本邊合文七萬一千九百二十兩四錢
> 　　　　內
> 甲午九月十五日用處合文一萬一千八百四十兩四錢 除
> 餘給次甲午九月本文六萬八十兩 下錄

첫 줄에서 入은 이 계정이 자본계정이라는 표시다. 계사 9월 15일(癸巳九月十五日)은 1893 회계연도 말이고, 상편이래(上片移來)는 전기이월 62,539.48량이다. 둘째 줄의 갑오8월지(甲午八月至)는 1894 회계연도 8월 말까지이며, 변(邊)은 이자다. 1년 이자가 9,380.92량이다. 셋째 줄은 합계가 71,920.40량임을 표시하고 있다. 이 이자는 당연히 당기순이익 계산에서 비용으로 차감된다. 이자 9,380.92량을 원금 62,539.48량으로 나누면 이자율이 15%임을 알 수 있다. 이는 기회비용(opportunity cost)인 자기자본비용(cost of equity capital)을 회계에서 명시적으로 인식한 세계 최초의 유일한 증거다. 일본인 히라이 야스타로가 개성상인 임한선에게 결산에 관해 문의해 받은 "자본금의 이자를 차감함으로써 이익 또는 손익을 산출한다."는 답변 내용과 일치한다.[40] 회계연도마다 자본비용(cost of capital)이 계상되어 있고 상환 실적이 없기 때문에 발곡댁 계정은 소유자 지분이 확실하다.[41] 여기에 여러 용도로 지급한 합계액인 용처합문 11,840.40량을 결산일에 차감(除)한 잔액 60,080량이 여급차(餘給次)로, 차기이월 금액으로 대차대조표에 보고되는 금액이다. 끝의 하록(下錄)은 장부에 이 계정의 여백을 새로이 준비해서 이월한다는 의미다.

별비조 계정은 1894 회계연도에 처음 보이는 계정이다. 회계연도 중에 거래는 없고, 역시 15% 이자가 가산되어 다음 해로 이월되고 있으며, 발곡댁과 마찬가지로 매년 같은 형식의 거래가 기록되어 있다. 별비조는 발곡댁 외에 이 기업에 투자한 다른 사람의 지분인 것으로 보인다. 만약 차입금이라면 이자는 지급이자이며 상환 기록이 있어야 하나, 1894년 이후 수년 동안 상환한 기록이 없다. 개성상인들의 자금

---

40 森本德榮, 『開城簿記の論理』, 森山書店, 1998, p. 94.
41 인삼포를 경영하는 합작 사업인 삼포도중(蔘圃都中) 회계에서 이익을 배분할 때 이 기업의 주인으로 박성삼(朴成三)과 발곡댁이 혼용되고 있어 발곡댁이 소유자 지분 계정임이 확실하다.

융통 관행이 별비조처럼 장기인 경우는 알려진 것이 없고, 박영진가 장부에서도 별비조를 제외하면 최장기 대출 기간이 100일 조금 넘는다.[42]

주회계 주자질 계정들을 자세히 분석한 결과, 백목조는 무명베인 준목 매매이익, 염좌여는 소금 매매이익을 기록한 계정으로 확인되었다. 경환태가는 자금중개소를 통해 원격지인 서울에서 발행한 어음을 받고 대여한 자금의 이자를 기록한 계정이다. 즉, 박영진가 장부에서는 회계짐작초의 여문, 주회계의 백목조, 염좌여, 경환태가, 네 계정의 이익을 합하면 오늘날의 당기순이익이다.[43] 이와 같은 회계 처리는 사업 부문별로 기장하고 결산하는 오늘날의 '부문별 회계보고(segment reporting)'와 유사하다.

다음은 백목조 계정을 가로쓰기한 것이다.

入　上片買得癸巳五月卄九日白木利移來癸巳十二月本文一千七百五
　　十四兩二錢四分
　　外上片十二月卄一日準木座移來中九月本文五百七十五兩四錢七分
　　本合文二千三百二十九兩七錢一分
　　甲午八月至邊文一百九十七兩三錢五分
　　本邊合文二千五百二十七兩六分

42　전성호, 「개성 시변제도 연구 — 개성상인 회계장부 신용거래 분석(1887~1900)」, 성균관대학교 동아시아학술원, 『대동문화연구』 75집, 2011, pp. 151~200.

43　1899 회계연도부터는 영업 분야별로 구분하여 산출한 이익을 회계짐작초에 보고하고 있다.

入은 이 계정이 이익을 계산하는 자본계정임을 나타낸다. 첫 줄의 상편매득(上片買得)은 '상품계정에서'라는 의미이고, 계사5월29일백목리이래(癸巳五月卄九日白木利移來)는 '1893년 5월 29일부터 보유하고 있던 무명베인 백목에서 발생한 이익이 이 계정으로 이체되어 왔다'는 뜻이며, 계사12월(癸巳十二月)은 이체된 시기가 계사년 12월이라는 뜻이다. 지난 회계연도인 1893년 5월 29일까지 구입해서 재고로 보유하고 있던 준목을 이번 회계연도인 1893년 12월 4일까지 전량 매출해 실현된 매매이익 1,754.24량이 매득계정에서 이체되어 온 것을 이래(移來)로 표시한 것이다.[44] 둘째 줄은 1893년 12월 21일까지 매입한 준목을 1894년 9월까지 전량 매출해 실현된 매매이익 575.47량이 매득계정에서 이체되어 온 전기다.[45] 셋째 줄은 이 두 금액을 합한 2,329.71량이다. 이 기록은 매매이익이 확정될 때마다 매득계정에서 매매이익을 계산해 자본계정인 백목조 계정으로 대체한 것이다. 매득계정이 상품계정이다. 발곡댁 잔액에 대해 자기자본비용을 계상한 것처럼 12월 말에 확정된 매매이익 1,754.24량에 대해 15%의 이자율을 다음 해 9월 결산기까지 적용한 이자 197.35량이 넷째 줄이다. 즉, 1,754.24 × 0.15 × (9/12) = 197.35다. 다섯째 줄은 계산된 매매이익과 이자 합계 2,527.06량이다.

44　박영진가 장부에서 다른 계정으로 이체할 때는 이록(移錄), 이체되어 왔을 때는 이래(移來), 원장에 여백이 없어 새 장부로 잔액을 이월할 때는 하록(下錄)으로 표기하고 있다.

45　매득(준목)계정은 계사년 12월까지 기록하니 여백이 없어 새로이 계정을 설정하고 있다. 상품 매매이익을 1년에 한 번 계산하지 않고 재고가 소진될 때마다 계산하는지, 새 장부로 이월할 때마다 계산하는지, 12월 말에 중간 계산하는지는 여러 회계연도를 검토하면 확인할 수 있다.

주회계 요약 표에서 염좌여는 소금 매매이익 계정이다. 매매이익 503.13량이 결산일에 확정되었기 때문에 지급이자는 없다.

경환태가는 경환을 받고 대여한 자금의 이자를 기록하는 계정이다. 다음은 1894 회계연도 결산일 현재 경환태가 계정을 가로쓰기한 것이다.

人 上片移來癸巳九月本文三千二百二十兩
甲午二月初九日文四十兩三月初一日文二百三十兩三錢五分邊條文二十兩
本合文三千五百十兩三錢五分
甲午八月至邊文五百五兩二錢八分
本邊合文四千十五兩六錢三分 下錄

첫 줄의 상편이래는 전기이월로서 기초잔액이 3,220량이다. 갑오년인 1894년 2월 9일에 40량, 3월 1일에 230.35량과 20량이 각각 입금된 전기가 둘째 줄이다. 기초잔액과 수입이자 합계 3,510.35량이 셋째 줄이다. 넷째 줄은 이 금액에 대한 8월까지의 이자가 505.28량임을, 다섯째 줄은 이 이자를 더한 합계가 4,015.63량임을 나타낸다. 백목조에서와 마찬가지로 이익이 확정되면 소유자 지분으로 보고 자기자본비용을 계상한 것이다. 경환태가 계정은 1893 회계연도 장부에 처음 보이고, 백목조 계정은 1894 회계연도에 처음 보이다가 1899년부터는 두 계정이 경환태가백목조 계정으로 통합되었다. 이는 두 계정의 기능이 같다는 의미다.

표5 수입이자와 지급이자 명세 요약

(단위: 량)

수입이자			지급이자		
현금 수취	49개 계정	43,204.97	현금 지급	7개 계정	15,437.00
미수	2개 계정	436.68	미지급	16개 계정	16,064.88
합계		43,641.65	합계		31,501.88
순이자수익		12,139.17			

주자질은 대부분 인명으로 나타나 있지만, 주회계에서 인명이 아닌 혼수조와 우세조 계정은 1894 회계연도에는 관련 거래가 없고 연말 잔액이 기초잔액과 동일하다. 도회계 계정은 이 기업이 속한 동업자 조합과 유사한 기관과의 거래다. 도(都)는 조합을 의미하는 도중(都中)의 줄임말이다. 자산계정인 받자질 중에서 현금 잔고, 재고자산인 매득은, 매득준목을 제외한 계정들은 인명계정으로서 외상 매출금과 대여금이다.

박영진가 장부는 부분적으로 '발생주의 원칙'을 따르고 있다. 결산일 현재 미지급이자 또는 미수이자로 확정된 금액을 인식해 해당 주자질과 받자질 잔액에 가산한 금액이 차기로 이월되어 있고, 이 금액이 주회계에 보고되어 있다. 사개송도치부법이 '현금주의(cash accounting)'라는 일부의 주장은 명백한 오류다.

박영진가 장부에 회계짐작초의 금융업 분야 순이자수익인 각인봉여문 계산명세서가 있었을 것으로 추측되나 아직 발견되지 않고 있다. 각인봉여문이 오늘날 복식부기에 의한 계산과 일치하는지를 검

표6 손익계산서

(단위: 량)

상품매매이익		
백목	2,527.06	
소금	503.13	3,030.19
금융거래이익		
경환태가	795.63	
각인봉여문(현지금융거래 순이자수익)	11,933.22	12,728.85
(가산): 자기자본비용		
백목조	197.35	
경환태가	505.28	
발곡댁	9,380.92	10,083.55
이익 합계		25,842.59
(차감): 발곡용처합문(일반관리비)		(11,840.40)
당기순이익		14,002.19

증하기 위해 각 원장에서 지급이자와 수입이자를 뽑아서 요약한 것이 표5다. 수입이자에서 지급이자를 차감한 금액 12,139.17량은 회계짐 작초의 11,933.22량보다 205.95량이 많다. 이 차이를 밝히기 위해 각 계정을 자세히 검토해보니 오광언으로부터 수취한 수입이자 3,355.92 량에 대한 기간 배분이 없었다. 이 중 1,300.92량은 1893년 11월까지 의 이자인데, 이번 회계연도에 해당하는 이자로는 9월 15일부터 11월 까지 2.5개월분만 반영되어야 한다. 나머지 2,055량은 1894년 11월까

지의 이자로, 이번 회계연도에 속하는 기간은 1894년 9월 15일까지 9.5개월이다. 배분 근거가 명확하지 않다. 또한 이번 회계연도에 귀속되는 미수이자 1,723.73량이 원장에 계상은 되었으나 이월 잔액에는 포함되지 않아 어떻게 수입이자 계산에 감안되었는지 정확하게 알 수 없다.

지금까지 검토한 박영진가 장부 결산 결과는 현대 회계로 쉽게 바꿀 수 있다. 표6에서 보는 바와 같이 먼저 백목조와 염좌여 계정을 합해 상품 매매이익을 계산한다. 그리고 경환태가와 회계짐작초의 각인 봉여문을 합해 금융거래이익을 산출한다. 여기에 소유자 지분에 자기자본비용으로서 15%를 지급이자로 감안한 백목조·경환태가·발곡댁 계정의 해당 금액을 가산한다. 마지막으로 신책계정으로 정산한 일반관리비 11,840.40량을 차감하면 오늘날의 당기순이익 14,002.19량이다.

현대 회계와의 차이는 개성상인의 독창성이다

지금까지 살펴본 박영진가 장부 결산 과정은 당기순이익에 의해 대차대조표 대차가 균형을 이루는 현대 복식부기와 일치한다. 명시적인 수정분개(adjusting entry)는 없지만, 미수이자와 미지급이자를 결산에 반영하는 발생주의 회계 이론이 반영되어 있다. 상품별로 매매이익을 독립 계정으로 설정하고 있으나 여전히 복식부기 원리에 부합한다. 오늘날의 회계로 전환할 수 있다는 사실은 회계 정보의 질적 속성인 검증 가능성(verifiability)을 갖추고 있음을 의미한다.

복식부기가 근대 자본주의적 합리성의 증거라는 선학들의 주장에 비추어 볼 때 박영진가 복식부기 장부의 존재 자체가 최소한 19세기 이전 조선에 자본주의적 합리성이 존재하고 있었음을 보여주는 증거가 될 수 있다. 박영진가의 사개송도치부 장부는 최근 논란이 되고 있는 이른바 식민지 근대화론을 반증한다. 복식부기 회계 자료는 경제적 거래를 집약하고 있기 때문에 그 시대의 경제적 실상을 반영한다. 최소한 대규모의 빈번한 거래가 이루어지는 시장이 있고, 화폐경제가 어느 정도 확립되고, 사적 소유권이 보장되고, 산술 지식이 있어야만 복식부기에 의한 장부 기록이 필요하고 가능해질 수 있다.[46] 26년에 걸친 박영진가의 회계 기록은 우리 역사에서 국권을 상실해가던 격동기였던 19세기 말 20세기 초 조선의 경제·사회 모습을 살펴볼 수 있는 소중한 자료다.

박영진가 복식부기 장부는 현대 회계와 비교해 여러 차이점이 있다. 주된 영업인 금전대차의 수입이자와 지급이자는 계정이 설정되어 있지 않아 분개되지 않았으나, 전기할 때 해당 인명계정에서 이자를 계산해서 기록했기 때문에 그 내용을 파악할 수 있게 되어 있다. 상품 매매의 경우, 해당 매득계정에서 이월 금액과 대차를 비교해 매매이익을 산출할 수 있도록 구성되어 있는 점은 오늘날 회계의 기본과 동일하다.

---

46 A. C. Littleton, 앞 책, *Accounting Evolution to 1900*.

다른 사개송도치부 장부와는 달리 박영진가 장부에는 비용계정이 설정되어 있지 않다. 공용질(公用秩), 가사질(家舍秩), 비용질(費用秩) 등 사개송도치부법에서 비용계정으로 알려진 계정들이 없다. 대신 소유주와 회계실체 간 모든 거래를 기록하는 특수한 신책이라는 계정을 설정해 소유주와의 자금거래까지 기록하고 비용을 회계 처리했다. 현병주가 『실용자수 사개송도치부법(전)』 서문에서 "비록 사개송도치부법이 복식부기 원리에 기초하고 있으나 각자 자기만의 방식으로 기록해 갑이 을의 장부를 해석하지 못하고 병이 을의 장부를 해석하지 못한다."고 지적한 바와 같이 신책계정 활용은 박영진가 고유의 회계 처리 방식으로, 다양한 사개송도치부법의 한 예일 것이다.

박영진가 장부는 오늘날의 회계와 비교할 때, 분개장과 현금계정이 통합되어 있고, 독창적인 계정을 설정해 활용했으며, 순매출액으로 기록하고, 외상거래와 어음거래에 통제계정을 설정하지 않고 인명계정에 직접 분개했고, 수입이자와 지급이자도 개별적으로 인명계정의 원장에서 계산해 기장했고, 매입과 매출을 모두 매득계정에 기록한 점 등이 확실히 차이가 있다. 그러나 분개 원리는 거래 이중성과 대차평균의 원리를 따르고 있어 복식부기 원리에 충실하다. 이러한 차이는 '일반적으로 인정된 회계 원칙'에 관한 개념조차 없었던 당시의 개성상인들이 발휘한 다양한 창의적 기록의 예일 것이다.

박영진가 장부는 오늘날의 회계와 비교할 때 여러 가지 특수성을 지니고 있다. 일기장, 분개장, 현금계정이 통합되어 있고, 수익인 이자질과 비용인 공용질 계정이 없다. 소유주와의 거래를 기록하는 특수한 계정인 신책계정을 설정했으며, 소유자 지분에 대해 15%[47]의 자기

표7 박영진가 장부와 현대 회계의 차이

구분	박영진가 장부	현대 회계와의 차이
1. 분개장	· 일기장은 분개장과 현금계정을 통합	· 일기장, 분개장, 현금계정 독립
2. 분개	· 거래 이중성과 대차평균의 원리 준수 · 거래 유형에 따라 정형화된 분개 형식	· 분개가 현대 회계보다 상세 · 현금 수입과 지출을 上, 下로 표기
3. 계정과목	· 외상 매출금, 외상 매입금, 대여금, 차입금 등 통제계정을 설정하지 않고 개별 인명계정에 직접 처리	· 개별 인명계정은 보조부
4. 전기	· 동일자 대차 청산된 거래는 전기 생략	· 총액주의에 위배
5. 판매비	· 매출에서 차감	· 총액주의에 위배
6. 이자	· 지급이자 · 수입이자 계정 없음 · 전기할 때 각 계정에서 계산해 가산	· 지급이자 · 수입이자 계정 독립
7. 일반관리비	· 선지급 후 연말에 정산	· 비목별로 계정과목 설정
8. 자본비용	· 15%를 연말에 자기자본비용으로 계상	· 인식하지 않음
9. 손익계산	· 영업 분야 및 상품별로 산정	· 종합 손익계산서 작성
10. 재무제표	· 회계짐작초와 주회계 · 회계짐작초는 손익계산서와 이익잉여금처분계산서를 통합	· 대차대조표, 손익계산서, 자본변동표, 현금흐름표
11. 특수계정	· 소유자와 회계실체 간의 거래를 기록하는 신책계정 설정 · 신책 잔액이 차변이면 자산, 대변이면 부채	· 소유자와의 거래는 자산, 부채 및 자본으로 독립 계정에 기록

자본비용을 손익계산에서 지급이자로 계상했다. 상품 매매와 금융거래를 구분해 이익을 산출하고 있으며, 상품별로 상품 매매이익 계정을 별도로 설정해 대차대조표에 보고했다. 이러한 특수성은 오늘날의 '일반적으로 인정된 회계 원칙'이 확립되기 이전에 있었던 각 기업고유의 복식부기의 구체적인 예가 박영진가 장부임을 의미한다. 또한사개송도치부법이 서양 부기의 영향을 받은 것이 아니라 우리나라에서 기원한 것임을 증명하고 있다. 특수성이란 곧 독창성이기 때문이다. 박영진가 장부와 현대 회계의 차이를 요약하면 표7과 같다.

서양 회계의 영향을 받지 않았다

박영진가 장부의 1894 회계연도 기록은 복식부기임이 확실하다. 완전한 장부가 존재하는 1899 회계연도까지 6년 동안의 기록도 복식부기원리를 준수한 장부다.[48] 복식부기가 1894년에 국한되지 않고 지속적으로 사용된 것이다. 새로운 분야로 업종이 확대됨에 따른 새로운 분개도 거래 이중성과 대차평균의 원리를 준수했다. 시간이 지나면서 회

---

47 15%는 월 이자율이 1.25%다. 김기호(1986)에 의하면, 긴밀한 개성상인 간에는 시중이자율보다 낮은 이자율에 자금을 융통하는 의변(義邊)제도가 있었는데, 당시 이자율이 월3~4%일 때 의변은 1.25%였다. 박영진가 장부에서는 경자(庚子)년인 1900년에도 15%를적용하고 있다. 이는 개성상인들의 경영 의식의 단면을 보여주는 증거다.

48 이 내용은 허성관, 앞 글, 「박영진가의 19세기 말 복식부기 장부의 회계 처리 방법의 진화」에서 발췌·요약한 것이다.

계 처리 방식과 재무제표의 형식이 보다 체계적으로 진화했다. 이 기간에 서양 부기의 영향을 받은 흔적이 없으므로 박영진가의 사개송도 치부 장부는 우리 고유의 복식부기임을 알 수 있다.

박영진가 장부를 보면 정치·사회적 불안이 경제 활동에 큰 영향을 미친 것으로 나타나 있다. 1894년 3월 동학농민항쟁이 시작되고, 이어 7월에 청일전쟁 발발로 나라가 전쟁터가 되어 국가가 위기 국면에 직면했다. 1894년 7월부터 갑오개혁이 본격적으로 추진되고, 11월 우금치 전투의 패배로 동학농민항쟁이 진정되었으며, 1895년 4월 시모노세키 조약으로 청일전쟁이 종결되었다. 이어 1895년 10월 명성황후가 일본 낭인들에 의해 시해당하고 단발령이 내려짐에 따라 의병항쟁이 본격적으로 시작되었다.

이 기간은 박영진가 장부의 1894~1896 회계연도에 해당한다. 표 8에서 보는 바와 같이 총자산 규모가 1895년에는 전년보다 감소했고 1896년에 다시 증가했지만 1897년 이후의 증가폭과 비교하면 이 극심한 혼란기 2년 동안 사업이 부진했던 것으로 나타나 있다. 1899 회계연도까지 3년 동안 총자산은 146,522량에서 448,958량으로 세 배 이상 증가했다. 총자산과 함께 전체 거래 건수도 1894 회계연도의 595건에서 156건, 124건으로 각각 대폭 감소했다가 1897 회계연도에는 659건, 1898 회계연도에는 994건으로 늘어났다. 거래처 숫자를 반영하는 계정과목 숫자도 1894 회계연도의 122개에서 46개, 63개로 줄어들었으나, 1897 회계연도에는 119개로 회복되었다. 금융업 외에 취급한 상품은 포목, 소금, 은에서 1896년에 인삼이 추가되었으며, 1897년에는 은 거래에서 철수했다. 1897년부터는 본격적으로 인삼을

표8 박영진가 사업 추이

	1894	1895	1896	1897	1898	1899
총자산(량)	118,686	114,394	146,522	271,523	469,283	448,958
총거래(건)	595	156	124	659	994	895
계정 수(개)	122	46	63	119	151	139
상품 종류	포목, 소금, 은	포목, 소금, 은	포목, 소금, 은, 인삼	포목, 소금, 인삼, 미곡	포목, 소금, 인삼, 미곡	포목, 소금, 인삼, 미곡

* 연도는 9월 15일에 끝나는 회계연도다.
* 총자산은 량 단위 미만을 반올림한 것이다.

재배하고 벼 농장을 경영했다.

1899년까지 자금 차입과 대여, 상품 매매 거래 분개 형식에는 변함이 없었다. 새로운 분개도 도입되었다. 인삼포 계정의 장부에 여백이 다해 새 장부로 이월하는 경우, 현금 입출금이 없더라도 上·下 분개 기호를 사용해 잔액을 이월했다. 차변 금액에 대해서는 현금을 받고 처분한 것처럼, 대변 금액에 대해서는 현금으로 부채를 상환한 것처럼 분개해 잔액을 0으로 만든 다음, 잔액만큼 새로 구입한 것처럼 분개해 새 장부에 잔액을 이월했다. 이러한 이월 방식은 오늘날 회계에서 결산 후 비용과 수익계정 잔액을 0으로 만드는 '마감분개(closing entry)'와 유사하지만, 잔액을 이월할 때 오늘날에는 분개하지 않는다. 차입금을 기한 내에 갚지 못하고 기간을 연장하는 경우에도 1898년부터 마치 현금으로 갚은 다음 새로이 차입한 것처럼 분개하고, 기간이 연장되었음을 의미하는 잉채(仍債)[49]를 분개 중에 표기했다. 거액을 투자한 인삼포와 거액의 차입거래에만 현금 입출금이 없더라도 上·下 기호를 사용해 이처럼 분개했다. 이는 거액이 개재되어 위험이 큰 거래 진행 상황을 장부에서 이월하거나 채무를 조정할 때 분개를 통해 자동적으로 점검하는 개성상인들 고유의 경영 기법 중 하나로 유추된다.

1897년부터 본격적으로 시작한 인삼 재배는 표준 인삼 제품인 6년근을 수확하기까지 오랜 시간이 걸리며 거액이 소요되기 때문에 위험이 크다. 위험을 분산하기 위해 자연스럽게 여러 사람이 합작한 삼포도중을 만들어 인삼을 재배했다. 삼포도중별로 계정을 설정해 인삼을 재배하는 동안 지출한 투자와 비용을 차변에 자산으로 기록하고, 기간 중에 삼포 일부를 매각하거나 재배 중인 인삼 일부를 채취해 판매하거나 이식하면 그해 수익으로 인식하지 않고 해당 도중 계정 대변에 분개해 전기했다. 이렇게 되면 각 삼포도중 계정 잔액은 회수되지 않은 투자 잔액이 된다. 도중이 존속하는 동안 수익을 인식하지 않는 것은 오늘날 회계의 '실현주의 원칙(realization principle)'과는 차이가 있다. 그러나 삼포도중별로 기록되어 있어 도중별로 이익을 계산할 수 있다. 이런 기록 방식은 현대 회계의 개별원가계산(job-order costing)과 같다. 19세기 조선에서 개성상인들이 오늘날의 개별원가계산을 실시하고 있었다.

삼포가 완전히 매각되거나 채취 후 판매되어 도중이 청산되면 이익을 계산해 도중 구성원들에게 배분했다. 아래 분개는 6년근을 수확할 목적으로 인삼을 재배하던 관우6근포를 6년이 되기 전에 매각

---

49 잉채는 이두가 확실하다. 仍은 '지즈'로 읽지만 債는 어떻게 읽는지 전거가 없어 알 수 없다.

도중의 회계를 기록한 각인회계책 표지.

해 1898년 11월 15일에 이 계정을 청산하고 매각이익을 배분한 거래
다. 11월 15일 현재 관우6근포 계정의 차변 잔액은 20,972.17량이고,
대변 잔액은 매각대금 40,000량을 포함한 40,655량이다. 이 인삼포
는 박영진가·박노현(朴魯賢)·설기동(薛基東)·왕용수(王龍洙)가 구성원
인 도중이 경영한 인삼포다.

十一月 十五日

　　　朴魯賢還上館隅六根圃會計邊并上文二萬九百七十二兩一錢七分 上

又**還給**會計給文四萬六百五十五兩 **下**

____ 利條**入**館隅六根圍利一衿[50]戊戌十一月本文四千八百兩 **上**

____ 朴魯賢親**入**館隅六根圍利一衿同本文四千八百兩 **上**

____ 薛基東親**入**館隅六根圍利一衿同本文四千八百兩 **上**

____ 王龍洙親**入**館隅六根圍利一衿同本文四千八百兩 **上**

____ 公下條**入**館隅六根會計時文四百八十二兩八錢三分 **上**

분개의 첫째 줄은 차변 잔액을 현금으로 받은 것처럼, 둘째 줄은 대변 잔액을 현금으로 지급한 것처럼 각각 분개해 관우6근포 계정을 마감하면서 차액을 산출했다. 차액인 매각이익 19,682.83량을 박영진가 및 공동 경영자 세 명에게 각각 4,800량씩, 합계 19,200량 배분한 것이 셋째 줄부터 여섯째 줄까지의 분개다. 이조(利條)는 박영진가의 이익을 기록하는 계정이고, 박노현, 설기동, 왕용수는 각각 부채를 나타내는 인명계정이다. 동업자들에게 배분한 이익만큼 갚아야 할 부채가 증가한 것으로 기록했다. 공하조(公下條) 계정은 이익을 배분하는 경우에 설정했는데, 이익 중 일부를 박영진가에 별도로 배분한 금액을 기록했다. 공하조는 박영진가가 공동 경영에서 담당한 자금과 회계 관리 업무에 대한 보상으로 보인다. 공하조는 1898 회계연도에는 대차대조

---

50 일금(一衿)에서 금은 원래 옷깃을 의미하지만, 박영진가 장부에서는 이익을 배분할 때 사용된 이두 용어다. 정약용의 『목민심서』 「호전」 세법에 "본금(本衿)을 이두로 본깃으로 읽으며 뜻은 '원래의 몫'"이라고 주석이 되어 있다. 또 『증보문헌비고(增補文獻備考)』 제159권 『재용고(財用考)』 「전화(錢貨)」편에 의하면, 1902년 최초로 중앙은행을 설립하면서 주주를 금주(衿主)로, 주권을 금권(衿卷)으로 표시해 금(衿)의 뜻이 오늘날의 지분에 해당하는 몫임을 알 수 있다. 즉, 일금은 이두 표기로서 '한 깃'으로 읽고, 뜻은 '한 몫'이다.

표인 주회계에 소유자 지분으로 보고되었으나, 1899 회계연도에는 회계짐작초에 직접 수익으로 보고되었다.

계정과목을 폐쇄하거나 대차대조표인 주회계에 보고해온 계정과목을 손익계산서에 바로 보고하는 경우에는 해당 계정을 폐쇄하는 분개를 실시하는 대신, 1898 회계연도부터 계정 원장 끝에 행잉(行剩)[51]으로 표시했다. 다음은 행잉 처리한 1899 회계연도 말 종삼이조(種蔘利條) 계정이다.

入　戊戌(1898) 9월 15일	上片移來戊戌九月本 文		4,176.89
9월 30일	樂村舊密圃利一衿十月本 文		3,800.00
	德男洞圃利一衿十月本 文		2,732.85
11월 15일	館隅六根圃利一衿十一月本 文		4,800.00
己亥(1899) 3월 15일	薛基東種蔘圃利一衿十一月本 文		19,000.00
	本合文		34,509.74
	己亥九月十五日 **行剩**		

종삼이조 계정은 인삼 관련 이익을 종합하는 통제계정이다. 1898 회계연도로부터 이월된 금액이 상편이래로, 4,176.89량이다. 1899 회계연도 중에 락촌구밀포(樂村舊密圃) 등 네 개의 인삼포에서 이익이 발생했는데, 합계 금액이 본합(本合)으로 34,509.74량이다. 이 금액을 1899

51　행잉은 국어사전과 이두사전에도 없는 용어다. 지금까지 발견된 사개송도치부 장부에서도 이 용례가 보고된 적이 없다. 행잉의 한자 의미는 '남은 것을 옮긴다'는 뜻이다.

년 9월 15일 기해년 결산에서 종삼이조 계정으로 주회계에 보고하지 않고 회계짐작초에 직접 반영한다는 의미가 행잉이다. 자산계정이 행잉되면 그 잔액이 손익계산서에 비용으로 반영되어 오늘날의 대손상각비(bad debt expense)처럼 취급되었다.

　1894년부터 1899년까지 박영진가 장부는 복식부기의 기본 원리를 준수했고, 처리 방법도 새로운 환경에 따라 진화했지만, 서양 복식부기의 영향을 받은 흔적은 없다. 박영진가 장부는 우리 고유 복식부기로서 세계에 자랑할 만한 문화유산이다.

제5장

박영진가 장부에 나타난 현대적 경영 사고[52]

박영진가 복식부기 장부는 20세기 전후의 기록이지만, 현대 기업 경영에서도 중요한 기회원가, 사내 이전가격(internal transfer price), 위험 분산(diversification of risk), 상생경영 등의 개념이 반영되어 있다. 현대적 경영 사고가 19세기 조선의 개성상인들에게도 내재되어 있었다는 가장 확실한 증거다. 따라서 조선의 개성상인들은 20세기 전에 자본주의적으로 사고하면서 기업을 경영한 것으로 추론할 수 있다.

진실하고 투명하게
회계 장부를 기록했다[53]

복식부기가 없었다면 현대 자본주의도 없었을 것이라는 주장의 논지는 회계 정보 없이는 자본주의적 의사결정이 불가능하다는 점을 강조한 것이다. 진실하고 투명한 회계 정보는 자본주의 경제를 뒷받침하는 기본이다. 경제적 의사결정의 목적은 한정된 자원을 효율적으로 배분하는 데 있다. 의사결정은 그 효과가 미래에 나타나기 때문에 필연적으로 불확실성을 수반한다. 불확실성을 줄이기 위해서는 의사결정을 할 때 반드시 정보를 고려해야 하며, 이때의 정보는 직간접적으로 회계 정보와 관련될 수밖에 없다. 경영 활동은 궁극적으로 회계 정보로 집약되기 때문이다. 진실하지 않은 회계 정보를 기초로 내린 경제적 의사결정은 자원 배분의 효율성을 저해하고, 관련 의사결정 이해당사자들의 불신을 초래해 경제 활동을 위축시킨다. 이러한 논지는 1997년 국제 금융위기가 진실하지 않고 투명하지 않은 분식회계에서

---

52   제5장은 『경영학연구』 2017년 8월호에 게재된 저자 논문 「박영진가 복식부기 장부의 20세기 전후 삼포(蔘圃)회계와 현대적 경영 사고」의 내용을 반영했다. 이 논문은 2014년 8월 한국경영학회 통합학술대회에 발표되었고, '매일경제 우수논문상'을 수상했다.
53   이 부분은 허성관, 앞 글, 「한국 전통 회계 기록의 책임성과 진실성의 역사적 기원」을 요약·정리한 것이다.

촉발된 사실이 증명한다. 이런 관점에서 선학들이 복식부기가 없었다면 자본주의 융성은 불가능했을 것이라고 주장한 것이다. 의사결정에서 불확실성을 판단하는 데 활용된 회계 정보가 엉터리라면 이 정보에 기초해서 내린 결정은 잘못될 수밖에 없다. 따라서 엉터리 회계 정보로는 자본주의적 의사결정을 할 수 없으며, 결국 자본주의 존립이 불가능해진다. 진실성이 결여된 회계 정보는 사회적인 해악이다.

진실한 회계 정보는 가감이 없고 조작되지 않은, 있는 그대로 보고된 정보다. 미국 재무회계기준위원회의 개념보고서 2(Concept No. 2)에서 회계 정보의 질적 속성으로 규정한 목적적합성(relevance)과 신뢰성(reliability)이 달성되기 위해서는 진실성이 먼저 확보되어야 한다. 회계 정보의 진실성은 모든 합리적인 경제 활동의 시작이다.

파치올리의『산술, 기하, 비 및 비례 총람』제2장은 다음과 같이 시작한다.

> 항상 하느님의 이름을 걸고 사업을 해야 하고, 모든 사업 서류의 시작에는 하느님의 이름을 써놓아야 하며, 항상 성스러운 하느님의 이름을 마음속에 간직해야 한다.[54]

하느님의 이름을 걸고 사업에 임하고, 장부 첫 쪽에 하느님을 써놓고 기록하는 장부는 진실할 수밖에 없을 것이다. 이 기록은 회계를 진

---

54 원문은 다음과 같다. "He must always commence his affairs in the name of God, whose name must appear at the beginning of every manuscript, always bearing his Holy Name in mind."

실하게 기록하는 것을 신앙의 경지로 승화시킨 것이다. 진실성을 추구하는 이 정신은 파치올리 이후에도 계승되었다. 나폴리의 모직물 상인 베네데토 코트룰리(Benedetto Cotrugli)는 『Della mercatura et del mercante perfetto(완벽한 거래)』에서 원장의 첫머리에 하느님을 기록한다고 기술했다. 영국 글래스고 상업거래소의 1715년 회계 장부 자산 계정은 "In the name of God, Amen(하느님의 이름으로, 아멘)."으로 시작한다. 네덜란드인 Petri가 쓴 부기책 원장은 "the almighty and eternal God be all praise, honor, and glory, Amen(전지전능하신 영생의 하느님의 찬미와 영예와 영광이 함께하기를, 아멘)."으로 끝난다. 이러한 자세는 회계를 진실하게 기록하고자 하는 의지의 표현이다.

인류문명사에서 복식부기의 연원이 한국과 이탈리아라는 사실은 이미 확인되었다. 회계를 진실하게 기록하기 위해 신앙의 경지까지 승화시킨 노력도 공통적이다. 우리나라 절에서 불사(佛事)가 끝나면 재원 조달과 사용을 결산하는데, 이 문서가 형지기(形止記)다. 형지기는 불상이나 불탑을 만들고 복장(腹藏)한 문서다. 고려시대의 여러 형지기가 발견되었고, 대표적인 것으로 1038년에 작성된 것으로 추정되는 「석가탑 중수 형지기」를 들 수 있다. 이 형지기는 한자와 이두 혼용으로 94행으로 구성되어 있다. 18행까지는 지진 때문에 석가탑이 기울어져 무너질 것이 우려되어 탑을 해체한 후 중수한 내용과 복장한 물건들이 기록되어 있다. 19행부터 71행까지는 중수에 필요한 물자를 시주받은 내용이다. 먹 한 개와 쌀 세 되 시주받은 것까지 기록되어 있다. 73행부터 94행까지는 재원의 사용 내역이다. 72행의 기록이 '십방불보살증명(十方佛菩薩證明)'이다.

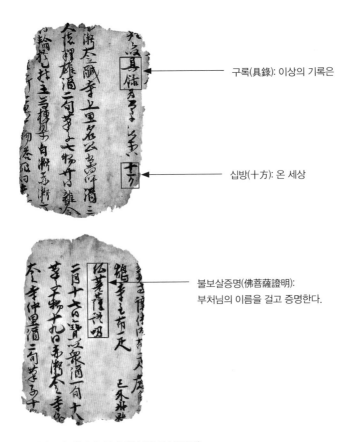

구록(具錄): 이상의 기록은

십방(十方): 온 세상

불보살증명(佛菩薩證明):
부처님의 이름을 걸고 증명한다.

「석가탑 중수 형지기」 중에서 '십방불보살증명'.

　부처님의 이름을 걸고 기록의 진실성을 맹세한다는 뜻이다. 즉, 기록의 진실성을 신앙의 경지로 끌어올린 것이다. 여러 사람으로부터 시주를 받았기 때문에 진실하게 기록했다는 책임성을 천명한 것이다. 동서양이 기록의 진실성을 신앙의 경지까지 끌어올렸지만, 우리의 기록이 서양보다 400년 이상 앞선다. 11세기 고려와 15세기 이탈리아 베니스가 서로가 서로를 알 수 없을 정도로 시간적·거리적으로 떨어져 있는데도 사람들이 비슷하게 사고하고 있었음은 우연일 수도 있고 우리가 모르는 문명 교류의 결과일 수도 있을 것이다.

지금까지 발견된 사개송도치부 장부 표지에는 예외 없이 '일천은상 길진(日天恩上吉辰)' 또는 '상길진(上吉辰)'이 표시되어 있다. '하늘의 도움 으로 매일매일 좋은 날이 되게 하소서'라는 뜻이다. 하늘에 간구하면 서 사업하는 사람이 회계 장부를 엉터리로 기록한다는 것은 상상하기 어렵다. 「석가탑 중수 형지기」와는 달리 사개송도치부 장부는 외부 이해관계자가 없다. 개인기업이기 때문에 외부에 보고할 필요도 없고, 감사받을 필요도 없다. 물론 당시에는 이러한 규제도 없었다. 이해관 계자가 없는데도 진실하게 기록하려는 자세는 근본적으로는 사업 성 과를 정확하게 파악하기 위한 것이겠지만, 개성상인에게 전해온 상도 (商道)에 기인한 것으로 해석할 수도 있을 것이다.

박영진가 장부에는 뇌물로 보이는 현금 지급도 분개되어 비용으로 처리되어 있다. 1897년 당시 경찰인 순검(巡檢)에게 식사를 대접한 것, 야간 순찰에 대한 성의 표시 등이 비용으로 회계 장부에 버젓이 나타 나 있다. 1888년 인삼 행정 주무 관청이 탁지부(度支部)에서 왕실 내장 원(內藏院)으로 이관된 후 인삼을 채취할 때 순검을 입회하게 하고, 인 삼 도둑을 방지하기 위해 4년근 이상 삼포 주인이 요청하면 병정을 파견해 삼포를 지키도록 조치했다. 비용은 삼포 주인이 부담했다.[55] 박영진가 삼포도중 회계 장부에는 경찰과 병정 관련 비용 지급이 1898년 7월 13일 이후 16회 기록되어 있다. 그중에는 병정에게 세 번,

---

55 한국인삼사편찬위원회, 『한국인삼사』, 2002, pp. 186~188.

1회 17.1량에 해당하는 술을 접대(接酒價)한 기록까지 포함되어 있다. 이해관계자인 도중 구성원들에게 투명하게 회계 장부를 기록한 증거일 뿐만 아니라, 매번 동일한 금액의 접대비를 지불할 정도로 업무 처리가 어느 정도 표준화되어 있었던 증거라고 할 수 있다. 이는 박영진가 회계 장부가 오늘날처럼 외부 감사를 받을 필요도 없고 세무조사의 대상도 아니기에 숨길 이유가 없었기 때문이기도 하겠지만, 무엇보다도 투명하고 진실하게 장부를 기록한다는 개성상인들의 자세가 반영된 것이라고 할 수 있을 것이다.

회계를 투명하게 기록하고 회계 정보를 투명하게 공시하는 것이 오늘날 자본주의를 뒷받침하는 기본임은 자명하다. 회계의 투명성이 지켜지지 않아 1929년의 세계 대공황이 발생했고, 1997년 외환위기로 우리 경제도 심각한 어려움에 직면했다. 이 문제는 지금도 진행 중이다. '일반적으로 인정된 회계 원칙'도 없었던 19세기 조선에서 이처럼 투명한 회계를 지키려 한 개성상인의 자세는 우리가 계승해야 할 소중한 가치다.

기회원가를 명시적으로
인식했다

자본주의 사회에서 경제적 의사결정의 준거 기준이 되는 핵심 개념 중 하나가 기회원가다. 선택 가능한 여러 대안 중에서 최선의 안(案)을 선택하는 것이 의사결정이다. 최선의 안을 선택하면 여타 대안은 포기하게 된다. 최선의 안을 선택함에 따른 기회원가는 포기한 각 대안으로부터 얻을 것으로 예상되는 이익 중에서 가장 큰 금액이다.

예를 들어보자. 필자가 미국에서 경영학석사(MBA) 과정을 마칠 무렵, 앞으로 어떻게 할 것인지 결정해야 했다. 심사숙고해 실현 가능성을 검토한 결과, 다음과 같이 실제로 선택할 수 있는 대안들을 식별할수 있었다. MBA 학위를 취득하고 ① 미국 공인회계사 시험에 합격해서 미국에 남거나, ② 귀국해 한국 대기업 간부로 취직하거나, ③ 미국 은행 서울 지점장으로 근무하거나, ④ 박사과정에 진학할 수 있었다. 비현실적이지만 기회원가 개념을 명확하게 이해하기 위해 각 대안의 첫해 수입과 지출이 표9와 같이 분석되었다고 하자.

저자는 네 개의 대안 중에서 박사과정 진학을 선택했다. 첫해 수입 지출로 평가하면 박사과정에 진학함으로써 최대 3만 달러의 저축을 포기한 것이다. 박사과정 진학 첫해의 기회원가가 3만 달러(미국 은행 서울 지점장)다. 만약 미국 은행 서울 지점장으로 근무하기로 결정했다면 첫해의 기회원가는 포기한 저축 1만 5,000달러(귀국 후 대기업 간부로 근

표9 의사결정 대안 분석 예

(단위:달러)

	미국 은행 서울 지점장	미국 공인회계사 / 미국 거주	귀국 / 대기업 간부	박사과정 진학
수입	60,000	40,000	30,000	10,000
지출	30,000	30,000	15,000	9,000
저축	30,000	10,000	15,000	1,000

무)다. 물론 이 예에서는 각 대안의 삶의 질은 고려하지 않았다. 남은 인생 전체에 대해 평가하면 개인의 선호에 따라 결정이 달라질 수도 있다.

박영진가 장부는 매 회계연도 말에 결산할 때 자기자본에 대해 연 15%를 지급이자로 인식해 해당 연도 비용에 가산하고, 그만큼 자기자본을 증가시켰다. 자기자본을 마치 부채처럼 취급하고 미지급이자를 비용으로 기록한 것이다. 예를 들어, 자기자본(소유자 지분)인 발곡댁 계정의 1894 회계연도 기초잔액 62,539.48량에 대해 15%인 9,380.92량을 지급이자로 계산해 기초잔액에 가산하는 한편, 같은 금액을 비용에 가산해 당기순이익을 계산했다. 이는 자기자본 기회원가를 비용으로 인식한 것이다. 기회원가가 아니라면 같은 금액만큼 소유자에게 지급될 것이고, 이는 개인기업에서 소유주 인출에 해당한다. 박영진가 장부 발곡댁 계정에는 잔액에 이자가 가산되어 있고 현금을 지급한 기록은 없기 때문에 기회원가임이 확실하다.

이 기회원가는 오늘날의 자기자본비용이다. 박영진가 복식부기 장부는 자기자본비용을 회계에 명시적으로 반영한 세계 최초이자 유일한 기록이다. 기회원가는 오늘날 경제·경영 관련 분야에서 일반화되어 있다. 프랑스의 고전파 경제학자 프레데리크 바스티아(Frédéric Bastiat)가 이 개념을 1848년에 처음으로 소개했고, 1914년 오스트리아의 경제학자 프리드리히 폰 비저(Friedrich von Wieser)가 기회원가로 명명했다. 회계에는 로널드 코스(Ronald Coase)가 1938년에 기회원가 개념을 도입했다. 자본비용에 관한 개념은 1950년대에 일반화되었고, 자본비용 추정에 관한 논의는 1960년대에 자본자산 가격형성 모형(Capital

Asset Pricing Model: CAPM)이 개발되면서 활발해졌다.

　이자율 15%를 기회원가 계산에 적용한 것은 자기자본을 다른 사업에 투자하면 15%의 이익률을 기대할 수 있다는 의미다. 즉, 지금 사업에 자기자본을 투자함으로써 최고 15%의 이익률이 기대되는 다른 사업을 포기했다는 의미다. 19세기 말의 기회원가 개념이 조선 개성상인들의 경영 의사결정에 활용되었다는 사실은 실로 놀랄 만한 발견이다.

　자기자본에 대해 15%의 자본비용을 인식했기 때문에 박영진가 복식부기 장부의 당기순이익은 오늘날 회계의 당기순이익이 아니다. 계산된 당기순이익에 자기자본비용을 가산해야 오늘날의 당기순이익이다. 만약 자기자본비용을 시장평균이익률과 비슷하다고 보면 자기자본비용은 자기자본을 현재 사업에 투자하지 않고 다른 사업에 투자해도 시장에서 평균적으로 벌 수 있는 이익을 의미한다. 그러면 박영진가 장부의 당기순이익은 시장평균이익을 차감하고도 남는 이익이다. 이 이익 개념은 오늘날 자본시장회계(capital market-based accounting)에서 초과이익(abnormal return)이다.

　19세기 말 조선의 개성상인이 매년 초과이익을 계산하고 있었다는 사실을 어떻게 설명할 수 있을까? 오늘날 일반화된 기회원가 개념을 19세기 말 개성상인들이 명확하게 인식하고 의사결정에 활용했다는 것은 역사적 사실이다. 19세기 말 조선의 개성상인들은 현대 경영에서도 최근에 와서야 일반화된 자기자본비용을 명시적으로 감안했다. 개성상인들의 사고를 전근대적이라고 평가할 수 없는 확실한 증거다.

한편 자기자본비용을 물가 상승률로 보면 박영진가 장부는 이 비용만큼 명시적으로 자기자본을 증가시켰기 때문에 물가 상승으로 인한 자기자본의 가치 하락을 계산상 보전한 것이다. 이는 물가 변동을 회계에 반영한 것이다. 미국에서 1970년대에 물가변동회계가 활발히 논의된 것과 비교하면 개성상인은 70년 먼저 이를 실천한 것이다.

삼포도중의 이익은 순현가다

기회원가 개념은 현대 경영에서 광범위하게 활용되고 있는 현재가치(present value; PV), 투자수익률(return on investment; ROI), 내부수익률(internal rate of return; IRR), 경제적 부가가치(economic value-added; EVA), 잔여이익(residual income; RI), 최저 필수수익률(minimum required rate of return), 자본비용 등에 반영되어 있다. 자본예산(capital budgeting)과 기업가치 평가(valuation)는 이들 지표를 활용한다. 특정 프로젝트에 대한 투자 여부를 결정하는 자본예산 평가 기준은 일반적으로 미래 현금흐름을 자본비용으로 할인해 현재가치로 환산한 다음 현금 유입의 현재가치에서 현금 유출의 현재 가치를 차감한 순현가(net present value)다. 순현가가 0보다 크면 투자하고, 0보다 작으면 투자하지 않는다.

순현가 개념을 활용해 투자 여부를 결정하는 구체적인 예를 들어보자.

(주)토정은 신제품을 개발하면 향후 5년간 다음과 같은 사업이 가능할 것으로
판단했다. 이 사업과 관련해 다음과 같은 현금흐름이 예상된다. 이 회사의
자본비용은 연 14%다.

필요한 장비 구입 비용	60,000원
사업 착수 시 소요 운전자본	100,000원
4년 후 장비 수리비	5,000원
5년 후 장비의 잔존가치	10,000원

5년간의 수익과 비용:
매출(연 40,000원)	200,000원
매출원가(연 25,000원)	125,000원
현금 지출 직접비(인건비, 광고비 등 연 7,000원)	35,000원

이 예제에서 지금 투자해야 하는 운전자본 10만 원은 5년 후 그대
로 회수된다고 가정하자. 이 프로젝트에서 5년 동안 매년 현금이 들어
올 것으로 예상되는 항목은 매출 4만 원이다. 매년 현금이 유출될 것
으로 예상되는 항목은 매출원가 2만 5,000원과 직접비용 7,000원이
다. 장비 구입 비용과 소요 운전자본은 프로젝트에 착수할 때 들어가
는 금액이다. 장비 수리비는 4년 후 지출할 비용이다. 잔존가치는 이
기계를 5년 후 처분하면 회수할 수 있는 돈이다. 각 항목의 현금 유입
또는 유출 시기를 감안해 그 금액들을 자기자본비용으로 할인하면
현재가치다. 이 예제에 포함되어 있는 현금흐름들을 현재가치로 환산

표10 현금흐름의 현재가치

	현금흐름 항목	시기	금액(원)	현가계수	현가(원)
유출	장비 구입	지금	60,000	1.000	60,000
	운전자본 지출	지금	100,000	1.000	100,000
	장비 수리	4년 후	5,000	0.592*	2,960
	합계(A)				162,960
유입	매출	매년	40,000	3.433**	137,320
	장비 잔존가치	5년 후	10,000	0.519***	5,190
	운전자본 회수	5년 후	100,000	0.519	51,900
	합계(B)				194,410
순현가(A-B)					31,450

* 4년 후 지급하게 될 1원의 현재가치 $0.592 = 1/(1+0.14)^4$
** 5년간 매년 1원씩 들어오는 현금의 현재가치 $3.433 = \Sigma(1/(1+0.14)^n)$, n=1부터 5까지
*** 5년 후 받게 될 1원의 현재가치 $0.519 = 1/(1+0.14)^5$

하면 표10과 같다.

위 사업과 관련된 현금흐름을 세금 효과를 무시하고 현재가치로 환산해보면 현금 유입이 현금 유출보다 31,450원이 많다. 이 사업의 순현가가 0보다 클 것으로 예상되므로 투자할 가치가 있다. 여기에서 할인율 14%는 자본비용이다. 그러나 실제 사업에 착수한 다음에는 이처럼 현재가치를 계산하지 않고 회계이익을 주로 계산하기 때문에 투자를 결정하는 지표와 투자 성과를 평가하는 지표가 일관성이 없게 된다.

박영진가 복식부기 장부의 인삼 재배 회계를 기록한 각인회계책에는 인삼포를 경영하는 삼포도중별로 계정이 설정되어 있다. 그중에서

박영진가와 윤긍렬(尹兢烈)·박재영(朴在永)·설기동 4인이 결성한 도중 회계를 가로쓰기로 요약하면 표11과 같다. 이 도중은 1897년 6월 21일 종삼포를 10,530량에 매입해 사업을 시작해서 1903년 9월 15일 사업을 종결하고 이익을 도중 구성원들에게 배분했다.

이 계정은 內를 기준으로 위는 차변이고 아래는 대변이다. 종삼포는 인삼 씨앗을 파종해 1~2년 키운 다음 이식할 인삼을 재배하는 밭이다. 1897년 6월 21일에 종삼포를 구입해 재배에 착수했다. 인삼을 재배하는 데 필요한 모든 지출은 차변에 기록했다. 투자자산이 증가

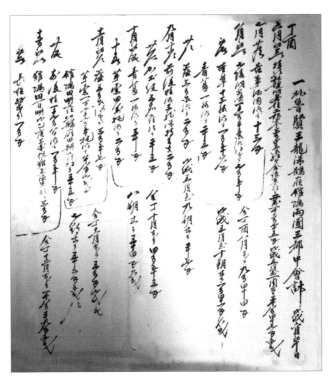

각인회계책에 기록된 삼포도중 계정 예.

하는 것으로 기록한 것이다. 인삼포로부터 창출된 수익과 이미 지출한 투자의 일부가 환입되었을 때는 대변에 기록했다. 차변과 대변 차액이 다음 회계연도로 이월되었다. 1898 회계연도 중에 종삼포 매입 등 실제 지급한 투자액이 35,816.70량이었다. 이 지급액에 대해 매월 또는 2개월마다 회계연도 말인 1898년 6월 20일까지의 이자 연 15%를 적용해 계산한 것이 6,039.63량이다. 이 이자는 투자한 금액에 대한 기회원가다. 즉, 투자로부터 회수해야 하는 최소한의 금액이 실제 지급액과 기회원가의 합계라고 인식한 것이다.

최종 결산 시에 이 이자액은 지급이자로 인식되어 당기순이익 계산에서 차감되었다. 1898 회계연도 중 종삼포 일부를 매각하는 등 실제 수익이 18,231.87량 발생했고, 이 금액에 대해 연 15%로 계산한 회계연도 말까지의 이자 1,071.05량을 수입이자로 인식해 최종 결산에서 당기순이익에 가산했다. 이렇게 되면 회계연도 말 현재 금액은 화폐의 시간 가치를 반영한 그 시점의 현재가치다. 오늘날 회계에서는 현재가치 기준 금액의 중요성이 강조되고 일부 실제 장부에 반영하는 회계 기준이 도입되고 있으나, 여전히 거래가 발생할 때 가액으로 기록하는 이른바 '역사적 원가(historical cost)'가 기본이다. 박영진가 복식부기 장부의 삼포 회계는 동일한 화폐 가치 기준에 의해 기록한 것이다. 미국에서 화폐의 시간 가치를 고려하는 물가변동회계가 1970년대에 제기된 것에 비해 개성상인들은 이미 70년 전에 실행하고 있었다.

위 인삼포 장부에서 회계연도 말 차변 잔액은 미회수 투자 잔액이다. 재배 기간에 실현된 부분적인 수익에 대응하는 비용을 식별해 순이익을 계산하지 않고 대신에 실현된 수익을 차변 투자액에서 차감하

표11 박영진가와 윤긍렬·박재영·설기동 4인의 도중 회계

(단위: 량)

1898 회계연도(1897. 6. 21.~1898. 6. 20.)

1897. 6. 21. 종삼포 매입해 시작(10,530.00)

　　　(중략)

1898. 6. 20.까지 투자 지급액 합계	35,816.70
각 지급액에 대한 1898. 6. 20.까지의 이자 합계	6,039.63
본변 합계(本邊合, 지급액과 이자 합계)	41,856.33
內	
1898. 6. 20.까지 종삼포 일부 매각 등 수익 실현 또는 지급 환입	18,231.87
위 각 수입액에 대한 1898. 6. 20.까지의 이자 합계	1,071.05
본변 합계(수입과 이자 합계)	19,302.92
여봉차(餘捧次, 대변을 초과하는 차변 금액, 차기이월액)	22,553.41

1899 회계연도(1898. 6. 21.~1899. 7. 15.)

전년도 이월액	
+ 1899. 7. 15.까지의 실제 투자 지급액	
+ 이월액과 각 지급액에 대한 1899. 7. 15.까지의 이자	45,103.93
內	
1898. 6. 21.부터 1899. 7. 15.까지의 2근삼 채취 판매 등 수입과	
각 수입에 대한 1899. 7. 15.까지의 이자 합계	1,892.95
여봉차	43,210.98

1900 회계연도(1899. 7. 16.~1900. 7. 15.) 생략
1901 회계연도(1900. 7. 16.~1901. 7. 15.) 생략
1902 회계연도(1901. 7. 16.~1902. 7. 15.) 생략

전년도 이월액

+ 1903. 9. 15.까지의 실제 투자 지급액

+ 이월액과 각 지급액에 대한 1903. 9. 15.까지의 이자   150,859.04

內

1902. 7. 16.부터 1903. 9. 15.까지의 인삼 채취 판매 수입과

각 수입에 대한 1903. 9. 15.까지의 이자 합계   179,747.88

여문(이익)   28,888.84

는 형식으로 처리했기 때문이다. 물론 미회수 투자 잔액은 그 시점의 순현가다. 현대 경영에서는 순현가가 투자 의사결정에서 중요한 기준이지만, 투자 후에는 회계이익을 계산하고 순현가를 계산하지 않는 것이 일반적이다. 그러나 개성상인들은 100년 전에 투자 후에도 매년 투자의 순현가를 계산해 회계 장부를 기록한 것이다.

위 인삼포 장부에서는 1903년 9월 15일자로 삼포도중의 이익을 계산했다. 1903년 9월 15일 미회수 투자의 현재가치가 150,859.04량이고, 1903 회계연도 중에 실현된 수익의 현재가치가 179,747.88량으로 이익이 28,888.84량이다. 이 이익은 4인이 경영한 삼포도중 이익 중 자본비용을 제외한 금액으로, 일종의 잔여이익[56]이라고 할 수 있다. 이 이익은 4인의 도중 구성원들에게 균등하게 배분되었다.

사내 이전가격은
시장가격이었다

기업은 규모가 커지고, 사업 분야가 확대되고, 영업 영역이 넓어짐에 따라 조직 형태가 달라질 수밖에 없다. 경영 조직은 구성원의 자율성과 책임성을 강화해 효율성이 높아지도록 바뀌게 된다. 구체적으로 조직 각 부문을 원가중심점(cost center), 수익중심점(revenue center), 이익중심점(profit center), 또는 투자중심점(investment center)과 같은 분권화된 조직으로 만들어 경영하게 된다. 각 중심점들은 명칭에 명시된 대로 원가, 수익, 이익 및 투자 수익률로 그 성과를 평가받고, 구성원들은 평가 결과에 따라 보상을 받는다.

예를 들어, 삼성전자의 가전사업부, 반도체사업부, 통신사업부는 이익중심점이다.[57] 각 사업부가 얼마나 경영을 잘했는지는 이익으로 평가한다. 그런데 휴대전화를 생산하는 통신사업부는 반도체사업부가 생산한 칩을 사용한다. 두 사업부가 이익중심점이기 때문에 칩 가격을 어느 수준으로 정하느냐에 따라 두 사업부의 이익에 영향을 미친다. 가격을 높게 책정하면 판매 사업부인 반도체사업부의 이익은

---

56 관리회계에서 RI=NI-INV×COC이다. RI=잔여이익, NI=순이익, INV=투자액, COC=자본비용이다. 박영진가 장부에서는 RI=REV(1+COC)-INV(1+COC)이다. REV=수익이다. 수익과 투자가 발생할 때마다 남은 기간에 대해서만 자본비용 금액을 계산한다.

57 이들 사업부가 투자중심점이라고 주장하는 경우도 있으나 엄밀하게는 투자중심점이 아니다. 사업부 최고경영자에게 투자 여부를 결정하는 권한이 없으므로 투자수익률로 사업부 최고경영자의 경영 성과를 평가할 수 없기 때문이다. 권한과 책임이 일치하지 않기 때문이다.

좋아지는 반면, 구매 사업부인 통신사업부의 이익은 좋지 않게 된다. 가격을 낮게 책정하면 반대의 결과가 나온다. 두 사업부의 성과를 평가하는 지표인 이익에 가격이 영향을 미치므로 가격 책정을 두고 두 사업부가 치열하게 논쟁할 수밖에 없다. 특히 동일한 성능을 지닌 반도체 칩이 시장에서 거래되고 있다면 반도체사업부는 가격이 맞지 않아 통신사업부에 넘겨주지 않고 외부 시장에 판매할 가능성도 있고, 통신사업부는 반도체사업부에서 받지 않고 외부 시장에서 구매할 가능성도 있다. 회사 전체 관점에서 이익을 극대화하고 각 사업부의 자율성과 책임성을 확보해주려면 어떻게 가격을 책정하는 것이 최선인지가 중요한 의사결정 문제가 된다. 만약 두 사업부가 개별 계열회사로서 독립된 법인이라면 세금 문제까지 고려해 가격을 결정해야 한다. 뿐만 아니라 한 사업부가 국내 계열사이고 다른 사업부는 해외 계열사라면 책정되는 가격 수준에 따라 해외 계열사의 이익과 그 나라에 내는 세금이 달라지기 때문에 공정한 가격 책정은 국제적인 문제가 된다. 이 가격 책정 문제가 이른바 사내 이전가격 책정(internal transfer pricing)이다.

잭 허시라이퍼(Jack Hirshleifer)[58]가 기업 이익을 극대화하는 최적 이전가격 문제를 제기한 이래 많은 연구가 있었다. 연구 결과는 오늘날 대학 관리회계(management accounting) 교과서에 반영되어 있다. 이전되는 제품에 외부 시장이 있고 생산 부서에 유휴 생산 능력이 없으면 시장가

---

[58] Jack Hirshleifer, "On the Economics of Transfer Pricing", *Journal of Business*, July 1956, pp. 96~108.

격이 최적 이전가격이다. 유휴 생산 능력이 존재하면 변동원가에 공헌이익(contribution margin) 일부를 가산한 수준이 최적 이전가격이다. 외부 시장이 없으면 생산 부서는 원가중심점으로 운영되어야 한다. 기업 경영이 세계화된 지금 국제간의 이전가격 책정 문제는 심각한 국제 분쟁을 야기할 수 있다. 경제협력개발기구(Organization for Economic Corporation and Development: OECD)가 마련한 국제 이전가격 지침은 교과서의 내용을 기본으로 하고 있다. 간단한 예제로 이전가격을 설명해보자.

(주)토정은 종합제철회사다. 이 회사의 생산 부서는 쇳물을 생산하는 제선사업부, 쇳물로 쇳덩어리를 생산하는 슬래브사업부, 쇳덩어리를 평평하게 눌러서 기초강판을 생산하는 압연사업부, 기초강판을 가공해서 다양한 강판을 생산하는 강판사업부로 구성되어 있다. 쇳덩어리와 기초강판은 시장에서 거래되고 있기 때문에 제선사업부를 제외하고는 모두 이익중심점으로 운영되고 있다. 기초강판과 관련된 자료는 다음과 같다.

슬래브사업부의 쇳덩어리 연간 생산 능력	100만 톤
슬래브사업부의 쇳덩어리 외부 시장 톤당 판매단가	300달러
슬래브사업부의 쇳덩어리 생산 톤당 변동원가	160달러
슬래브사업부의 쇳덩어리 생산 톤당 고정원가(현 생산 능력 기준)	90달러

(주)토정의 압연사업부는 소재인 쇳덩어리 10만 톤을 매년 중국에서 톤당 290달러에 수입하고 있다. 압연사업부는 쇳덩어리 10만 톤을 중국에서 수입하는 대신 슬래브사업부에서 받을 것을 고려하고 있다. 이전가격을 어떻게 정할 것인지가 문제다.

(상황 1) 슬래브사업부에 현재 유휴 설비가 10만 톤 이상이면 슬래브사업부는 변동원가만 받으면 이익도 손해도 없다. 즉, 슬래브사업부는 10만 톤을 추가로 생산해도 지금 실정에서 잃는 것이 없다. 따라서 슬래브사업부는 톤당 160달러 이상 받으면 된다. 이렇게 되면 압연사업부는 톤당 290달러에 중국에서 수입할 필요가 없으므로 대폭적인 원가 절감이 가능해져 회사 전체적으로 이익이다. 생산 부서에 유휴 설비가 존재하는 경우에는 변동원가가 최적 이전가격이다.

(상황 2) 슬래브사업부에 유휴 설비가 없다면 압연사업부에 10만 톤을 공급하기 위해서는 현재 외부에 공급하고 있는 10만 톤을 포기해야 한다. 따라서 압연사업부는 슬래브사업부가 외부에 팔 것을 포기함으로써 잃게 되는 이익을 보상해주어야만 공급을 받을 수 있을 것이다. 즉, 10만 톤에 대한 변동원가와 공헌이익을 보상해주어야 한다. 공헌이익은 매출에서 변동원가를 차감한 것이다. 즉, 압연사업부는 시장가격인 300달러에 공급받을 수밖에 없게 된다. 이 경우 내부거래이기 때문에 외부거래에 비해 일부 판매비가 절약되므로 실제로는 300달러보다 낮을 것이다. 중간재의 외부 시장이 존재하고 유휴 설비가 없으면 시장가격이 최적 이전가격이다.

(상황 3) 만약 슬래브사업부에 유휴 설비가 5만 톤 있다면 5만 톤에 대해서는 변동원가를, 나머지 5만 톤에 대해서는 외부 공급을 포기해야 하므로 시장가격을 적용하게 될 것이다. 구체적으로 계산하면 $(160 \times 5만) + (300 \times 5만) / 10만 = 230$이므로 압연사업부가 10만 톤에 대해 제시할 톤당 이전가격은 230달러다.

박영진가 복식부기 장부 삼포도중 회계는 독립채산제다. 오늘날의 관점에서 보면 박영진가가 100% 지분을 가진 관계회사처럼 회계 처리했으나, 청산 시에 이익을 배분했다는 차이가 있다. 삼포도중에서 종삼을 채취해 타 삼포도중 본포에 이식하면 오늘날의 내부 이전거래로, 이때 가격을 어떻게 결정하느냐 하는 문제가 이른바 이전가격 문제다. 종삼포에서 채취해 본포에 이식한 이전거래 예는 표12와 같다. 이식된 종삼은 모두 외부 시장에 판매할 수 있었고, 이식할 삼포도 외부에서 종삼을 구입할 수 있는 실정이었다.

1897년 3월 12일 설기동종삼포(薛箕東種蔘圃)에서 피교댁락촌포(皮橋宅樂村圃)에 이식한 종삼인 팔백상세근삼(八百上細根蔘) 330차(次)의 차당 단가 115량과 차세근삼(次細根蔘) 13차의 차당 단가 57량이 시장가격이다.[59] 같은 날 외부에 판매된 수삼은 품질에 따라 시장가격이 모두 다르나, 같은 날짜에 외부에 판매된 팔백상세근삼과 차세근삼 가격이 각각 115량과 57량이기 때문에 이식에 적용된 가격이 시장가격임을 알 수 있다. 1898년 3월 19일 우현밀종포(牛峴密種圃)에서 채취해 타 도중의 삼포에 이식한 상이근삼(上二根蔘) 이전가격 80량도 시장가격이다. 왜냐하면 같은 날짜에 상이근삼 275차를 차당 80량에 외부에 판매했기 때문이다.

종삼을 채취하지 않고 삼포 자체를 타 삼포도중에 매각한 거래도 내부 이전거래다. 1898년 9월 27일 설기동 도중이 종삼포 90칸[60]을

---

59 팔백상세근삼, 차세근삼, 상이근삼 등은 종삼의 품질 등급이다. '차(次)'는 수삼 무게 측정 단위로, 오늘날 750g이다.
60 '칸'은 인삼포 면적 단위로, 오늘날 약 20제곱미터(6평)를 의미한다.

표12 종삼 채취와 이식거래 예

거래 일자	종삼 품질	종삼포 도중	본포 도중	수량(차)	단가(량)
1897. 3. 12.	팔백상세근삼	설기동종삼포	피교댁락촌포	330	115
	차세근삼	설기동종삼포	피교댁락촌포	13	57
1898. 3. 19.	상이근삼	우현밀종포	설기동석벽동	150	80
	상이근삼	우현밀종포	손계중존이동	125	80
	차이근삼	우현밀종포	설기동덕남동	134	40

칸당 200량에 매각했는데, 이 중 50칸은 박영진가의 도중인 왕용수 사직동포에 대한 매각이므로 200량은 시장가격임을 알 수 있다. 종삼은 한정된 면적에서 생산되기 때문에 유휴 생산 시설이 없는 경우가 많고, 따라서 시장가격이 최적 이전가격이다.

서양에서 1950년대에 논의되기 시작한 이전가격은 오늘날 분권화된 조직관리에서 중요한 주제이고, 국제 조세 분야에서 논쟁의 핵심이 되는 주제 중 하나다. 박영진가 복식부기 장부는 1897년부터 조선 개성상인이 이전가격에 시장가격을 적용한 명백한 증거다. 개성상인의 현대적 경영 사고의 시원이 어디까지 거슬러 올라가는지 밝혀 우리의 전통적인 경영사를 정립해야 한다.

상생경영을
실천했다

삼포도중 경영 형태는 오늘날의 합자회사와 유사하다. 도중은 자본, 기술, 전문 경영을 제공하는 사람들로 구성된다. 박영진가 장부에 나타난 삼포도중 34개의 계약서가 전해지지 않기 때문에[61] 도중 구성원 중 누가 출자했는지, 누가 인삼 재배 기술을 제공했는지는 알 수 없다. 출자한 경우에도 미리 지분을 정한 병작포(竝作圃)를 제외하고는 지분율을 알 수 없다. 박영진가가 결성한 34개 도중에 참여한 사람이 총 22명인데, 이 중에서 장부에 나타난 기록으로 보아 박영진가 외에 확실히 자본을 투자한 사람은 설기동이다.

아래 분개는 1901년(신축년) 10월 7일의 거래다.

＿＿ 薛箕東入養二根蔘三百九十一間二十式文二萬七千三百七十兩 上

＿＿ 又**親入**養二根蔘一百三十二間二十式文九千二百四十兩 上

＿＿ 又**捧次**樂村新圃養二根蔘五百二十三間二十式文三萬六千六百十兩 下

첫 줄은 '…… 入 …… 上' 형식의 분개로, '부채 증가, 현금 증가' 거래다. 삼포 391칸을 칸당 70량(二十式)에 매입하고자 설기동으로부터 현금 27,370량을 차입한 거래다. 둘째 줄은 삼포 132칸을 역시 칸당

---

61 개성상인의 후예로서 실제 삼포를 경영한 경험이 있는 박광현 씨의 증언(2014년 3월 18일)에 의하면, 개성상인들은 일반적으로 구두 약속으로 도중을 결성하며, 이는 개성상인 간 관례로서 신용에 근거한 상거래라고 한다.

70량에 설기동이 9,240량에 매입해 '설기동·설서동·이순면·김남형·박성도·박영진가'로 구성된 도중인 락촌신포(樂村新鋪)에 투자한 거래의 분개다. 셋째 줄은 '…… 捧次 …… 下' 형식의 분개로, '자산 증가, 현금 감소' 거래다. 합계 523칸 36,610량을 설기동 락촌신포 도중의 투자로 대체한 거래다. 설기동入으로 분개한 첫째 거래는 설기동 개인과 박영진가 간의 일반적인 대차거래로 회계 처리한 것이다. 그러나 둘째 거래는 설기동親入 계정으로 분개했는데, 이 계정은 설기동과 박영진가 간에 삼포도중과 관련된 거래만을 별도로 기록하는 계정이다. 설기동이 삼포도중에 투자한 금액은 결국 도중이 청산되면 이익 분배금과 함께 환수하게 될 것이다. 그러나 박영진가 삼포도중 회계에서는 투자금을 청산 시에 설기동에게 돌려주지 않고 현금, 미곡, 소금, 삼포용 소모품 등으로 계속 상환하는 형태로 기록되어 있다. 특히 보조부인 각인회계책에 '설기동친명회계(親名會計)'라는 계정를 설정해 설기동이 참여한 삼포도중과 관련해 박영진가와 설기동 간의 모든 거래를 계속 기록했다.[62]

지금까지 살펴본 바와 같이 삼포도중에 참여한 사람 중에서 설기동을 제외하고는 현금으로 투자한 기록이 없다. 그러나 이익 배분 비율은 분개장과 삼포도중 회계에 명확하게 기록되어 있다. 박영진가가 결성한 삼포도중 34개 중 타 삼포도중에 통합된 여섯 개를 제외한 28개

---

62 설기동친입으로 분개된 거래는 총계정원장인 타급장책의 '설기동친급차(親給次)' 계정에 전기되어 있다. 박영진가 삼포도중에 참여한 22명 중에서 설기동처럼 친급차로 표기된 계정이 원장에 개설되어 있는 사람은 여덟 명이다. 그러나 설기동 외에 각인회계책에 친명회계로 표기된 계정이 개설된 사람은 없다. 이는 설기동을 제외하고는 보조부에 기록할 만큼 거래가 빈번하지 않았기 때문인 것으로 보인다.

도중 중에서 여덟 개를 뺀 20개 삼포도중의 손익이 구성원들에게 균등하게 배분되었다. 예를 들어, '윤긍렬·박재영·설기동·박성삼' 삼포도중의 최종 이익 22,000량이 네 사람에게 5,500량씩 배분되었다. 여섯 개의 삼포도중에서 손실이 발생했는데, 이 중 네 도중에서 구성원들이 균등하게 손실을 분담했다. 손익을 균등하게 배분한 20개 삼포도중은 결국 출자하거나, 전문 인삼 재배 기술을 제공하거나, 경영 노하우를 제공해 도중에 참여한 사람에게 똑같이 손익을 배분한 것이다.[63] 자본 중심의 현대 자본주의 기업 경영과 달리 개성상인은 자본, 기술, 경영 노하우의 가치를 동일하게 인식한 것이다. '이익은 혼자 다 차지할 수 없다'는 개성상인들의 전승인 '이불가이독식(利不可以獨食)'이 반영된 것이다. '이불가이독식'은 오늘날 우리 경제가 추구해야 할 가치인 상생경영을 개성상인들이 최소한 100년 전부터 실천하고 있었다는 사실을 생생하게 보여주고 있다.

표13은 손익이 차등 배분된 여덟 개 삼포도중 현황이다. 이 여덟 개 도중은 병작포로 명명되어 있는데, 이는 미리 지분을 정한 삼포도중이라는 뜻이다. 손익 차등 배분을 규정한 계약서는 존재하지 않으며, 비율을 정한 근거도 명확하지 않다. 손익 배분 비율이 정해져 있다고 해도 구성원들이 비율대로 투자한 증거는 장부에 없다. 확실히 현금을 투자한 설기동의 경우에도 지분에 상응하는 투자를 장부에서 식별할 수 없다.

---

63 주 61에서 소개한 박광현 씨의 증언에 의하면, 자신이 구성원으로 참여한 삼포도중에서는 자본 참여가 없었던 삼포 관리 책임자에게도 균등하게 이익을 배분했다.

표13 삼포도중 손익 차등 배분

도중 이름	인원 (명)	기간 (월)	투자(량)*	손익(량)	이익 배분
박노현사직동	5	50	113,993.72	−41,506.65	1인(1/3), 4인(1/6)
윤금렬사직동	6	33	100,453.04	16,000.00	4인(3/16), 2인(1/8)
왕용수사직동	2	33	26,610.45	18,000.00	1인(2/3), 1인(1/3)
설기동락촌포	2	60	86,527.54	17,085.84	1인(2/3), 1인(1/3)
왕용수사직신포	2	70	67,589.36	−38,206.55	1인(2/3), 1인(1/3)
장익양존이동	4	10	70,285.01	24,000.00	1인(1/2), 3인(1/6)
설효석락촌금전	3	12	122,954.79	80,000.00	1인(1/2), 2인(1/4)
설기동락촌신포	7	53	195,079.80	−171,983.79	2인(1/9), 3인(1/6)**

* 투자액에는 자본비용이 포함되어 있다.
** 도중 구성원 두 명의 손실 부담률은 장부에 명백하게 나타나 있지 않다.

특히 '박노현사직동'과 '장익양존이동' 도중 구성원인 김남형(金南炯)은 총 일곱 개 도중에 참가했는데, 사환(使喚)이었다. 사환이 자본을 투자해 삼포도중에 참여하는 것은 오늘날 상황으로는 이해하기 어렵다. 김남형이 참가한 일곱 개 삼포도중 중에서 '박노현사직동' 도중과 '설기동락촌신포' 도중에서 각각 41,506.65량, 171,983.79량의 거액의 손실이 발생했고, 김남형도 이 중 일부를 분담했다. 개성상인들은 후계자 양성제도의 일환으로 차인제도를 활용했는데, 김남형은 박영진가의 차인일 가능성도 있다. 차인은 후계 수업을 위해서 무보수로 다른 상인에게 고용되어 일을 배우는 사람이다. 차인이 일을 배워 일정 수준 이상 경영 능력이 있는 것으로 판단되면 고용주가 자금을 투자해 차인과 공동으로 특정 사업을 경영하고 차인에게 보수 대신 이익을 배분하는 제도가 차인제도다. 상생경영의 대표적인 사례다.

각 삼포도중은 이익을 구성원들에게 균등하게 배분하는 동시에 자기자본비용으로 자본금에 대해서는 15%, 삼포 투자에 대해서는 18%[64]의 시중 이자율보다 낮은 금리를 적용했다. 전성호[65]에 의하면, 박영진가 장부의 금융거래 이자율은 약정 기간 1개월 미만은 평균 월 2.22%, 100일 이상은 월 1.25~1.5% 수준에서 안정적으로 변동한 것으로 나타났다. 월 1.25~1.5%는 연 15~18%로서 박영진가의 자기자본비용과 같다. 문정창[66]은 개성상인들의 자금 융통은 이자율이 당시 은행 이자율보다 낮은 고도의 특수 신용제도라고 평가했다. 특히 김기호[67]에 의하면, 개성상인들 상호 간의 자금 융통에는 15% 정도의 낮은 이자율이 적용되었는데, 이른바 의변이다. 의변은 '의로운 이자'라는 뜻이다. 의변은 오랜 거래 관행으로 진화해온 상관습으로, 서로를 배려하는 수준의 이자로 자금을 융통하기 때문에 전형적인 상생경영이라고 할 수 있다.

---

64 삼포 투자에 대해서 1897년 5월까지는 15% 또는 18%의 이자율을 적용했으나, 1897년 6월 이후에는 18%를 계속 적용했다. 자본금에 대해서는 자료가 남아 있는 마지막 연도인 1899년 9월 15일까지 15%를 적용했다. 자본금의 자본비용은 회계연도 말에 원장에서 계산해 가산했다.

65 전성호, 앞 글, 「개성 시변제도 연구―개성상인 회계장부 신용거래 분석(1887~1900)」, pp. 151~200.

66 문정창, 「차인제도와 시변」, 『경제학연구』, 한국경제학회, 1964.

67 김기호, 앞 책, 『송도치부법사개문서의 개요』.

이익을 균등하게 배분하고, 시장이자율보다 낮은 이자율을 안정적으로 적용해 자금을 융통하는 거래는 오늘날의 금융 이론으로는 이해하기 어렵다. 상생경영에 발현된 개성상인의 자본주의 정신은 서양에서는 유례를 찾을 수 없다. 특히 오늘날 가진 자의 갑질 때문에 상생경영이 화두가 된 우리 사회에서 개성상인은 본받아야 할 표상이다.

위험을 감안해
삼포를 경영했다

현대 경영에서 이익은 부담한 위험의 대가다. 인삼은 삼종 파종에서부터 6년근 인삼 채취까지 장기간이 소요되고 거액의 자금을 투자해야 하기 때문에 당연히 위험이 크다. 박영진가의 삼포도중 중에서 투자액이 가장 많은 도중은 '설기동·김남형·이순면·박영진가' 도중으로, 총투자액은 203,678.54량이었고, 도중 존속 기간도 7년에 달했다.

표14는 삼포도중 28개 경영과 관련된 변수들의 기술 통계량(descriptive statistics)이다. 삼포도중 구성원은 2~7명으로, 평균 3.43명이다. 삼포도중의 지속 기간은 6개월부터 7년까지로 평균 33개월이다. 삼포도중별 손익은 이익 80,000량부터 손실 171,983.79량에 이르기까지 범위가 매우 넓었고, 도중 구성원 1인당 월 손익은 이익 2,222.22량부터 손실 648.99량까지로 역시 범위가 넓어 삼포 경영 위험이 그만큼 크다는 것을 알 수 있다. 구성원 1인당 월 손익의 변이계수(coefficient of variation)[68]가 2.23으로 높았다. 구성원 1인당 월 손익과 삼

표14 삼포도중 경영 변수들의 기술 통계량

변수	평균	표준편차	최소	중위수	최대
구성원 수(명)	3.43	1.48	2.00	3.00	7.00
지속 기간(월)	33.00	25.57	6.00	23.00	84.00
손익(량)	6,683.91	42,872.73	−171,983.79	15,317.06	80,000
1인당 월 손익	249.72	557.04	−648.99	147.14	2,222.22
총투자(량)	65,199.99	53,001.73	4,085.82	51,466.66	203,678.54

* 총투자에는 자기자본비용이 포함되어 있다.

포도중 지속 기간 간의 상관계수(Pearson correlation coefficient)는 −0.395로, 통계적 유의수준이 5% 미만이었다. 이는 삼포 경영 기간이 길어질수록 수익성이 유의하게 낮아짐을 의미한다. 삼포도중의 존속 기간과 투자액의 상관계수는 0.659로, 1% 미만 수준에서 통계적으로 유의했다. 장기일수록 수익성이 낮아지고 투자액이 증가하는 것이 삼포 경영에 내재된 위험이라고 할 수 있다.

박영진가는 이러한 위험을 분산하는 방안으로 장기간 삼포를 경영할 것으로 예상되는 경우 삼포도중을 결성할 때 구성원의 숫자를 늘려 위험을 분담한 것으로 보인다. 구성원 수와 총투자 간의 상관계수는 0.380으로, 5% 미만 수준에서 통계적으로 유의하다. 물론 삼포도

---

68 변이계수는 표준편차를 평균으로 나눈 값이다. 여기서 1인당 월 손익 변이계수는 557.04를 249.72로 나눈 값으로, 변이계수가 낮을수록 손익이 안정적임을 의미한다.

표15 삼포도중 경영의 시작과 처분 방식

시작 방식	처분 방식
파종(3)	종삼 전량 채취 후 판매(3)
종삼 매입(2)	이식 후 본포 매각(1), 이식 후 1년 지나 매각(1)
종삼포 매입(9)	전량 채취 판매(3), 전량 본포 이식(1), 밀종포로 매각(1), 이식 후 1년 지나 채취 후 일부 본포 이식, 일부 판매(1), 일부 종삼포로 매각, 나머지 채취 후 이식 또는 판매 병행(3)
밀종포 매입(3)	전량 채취 후 판매(1), 밀종포로 매각(1), 일부 채취 후 판매, 삼종 채취 판매, 일부 밀종포로 매각(1)
본포 매입(11)	전량 채취 후 판매(7), 본포로 매각(3), 일부 본포로 매각, 나머지 채취 후 판매(1)

* ( ) 안의 숫자는 삼포도중 개수.

중을 결성한 자체가 위험을 분담한 증거다.

박영진가는 삼포 경영 방식을 다양화해 위험을 분산하려 노력했다. 삼포 경영은 인삼 씨앗 파종, 종삼(인삼 모종) 매입, 종삼포 매입, 밀종포 (2년 키운 인삼 밭) 매입, 본포 매입에 의해 시작된다. 파종한 종삼포 세 곳에서는 1년 후 종삼을 채취해 모두 외부에 판매했다. 종삼포를 매입한 도중이 아홉 개인데, 이 중에서 전량을 채취해 판매한 도중이 세 개, 전량을 본포에 이식한 도중이 한 개, 1년 더 키워 밀종포로 매각한 도중이 한 개, 이식 후 1년 지나 채취 후 일부는 본포에 이식하고 일부는 판매한 도중이 한 개였다. 나머지 종삼포 세 개는 일부는 종삼포로 매각하고, 일부는 채취해 본포에 이식하고, 일부는 채취해 판매하는 방식을 혼용해 처분했다. 본포를 매입해 사업을 시작한 11개 삼포도중 중에서 전량 채취해 판매한 것이 일곱 개, 본포 자체로 매각한 것이 세 개, 본포 일부를 매각하고 나머지는 채취 후 판매한 것이 한 개였다. 이식을 목적으로 재배하는 2년근 삼포인 밀종포를 구입한 세 개 삼포 도중 중에서 밀종포로 매각한 것과 전량 채취해 판매한 것이 각각 한 개였고, 한 개는 이 두 가지 방식과 인삼 종자를 채취하는 방식을 병용해 처분했다.

이처럼 다양한 삼포도중 경영의 시작과 처분 방식은 당시의 시장 상황을 반영한 결과일 수도 있다. 궁극적으로는 이익 극대화를 위해 선택 가능한 여러 대안 중에서 그때그때 최선의 안을 선택한 결과로 평가할 수 있을 것이다. 파종 후 종삼을 이식해 6년근이 될 때까지 재배한 도중이 없다는 사실은 장기 재배에 수반하는 위험을 회피한 결과일 것이다. 이와 같은 다양한 삼포 경영 방식이 가능했던 것은 삼포를 경영하는 개성상인들이 전체적으로 위험을 적절히 분담할 수 있는 시장이 있었음을 의미한다.

20세기 시작 전후 조선에서 개성상인들은 위험이 큰 사업인 인삼포를 경영하면서 내재된 다양한 위험을 명확하게 인식해 이를 분산하고 회피하는 방향으로 경영했다. 우리가 전혀 알지 못했던 개성상인들의 현대적 경영 사고의 진면목이 박영진가 복식부기 장부에 나타나 있다.

신용 중심 경영이
정착되어 있었다

박영진가 복식부기 장부는 당시 개성에서 신용에 바탕을 둔 발전된 금융시장이 잘 작동하고 있었음을 보여준다. 필요할 때 필요한 금액만큼 어음을 발행해 자금을 조달할 수 있었다. 보증도 담보도 없었다. 꺾기도 선이자도 없었다. 대손도 없었다. 오직 개인 신용에 근거해 자금의 대차가 이루어졌다. 개성상인들은 신용을 생명처럼 여기고 사업할 수밖에 없는 경영 여건하에서 사업하고 있었다. 앞에서 살펴보았듯이 개성상인들 간에는 자금시장인 시변이 형성되어 있었고, 여기에서 적용된 이자율은 시중 금리보다 낮은 의변이었다. 신용을 지키지 못하면 시변을 통한 자금 조달이 불가능해져 업계에서 퇴출될 수밖에 없는 구조였다. 다음은 박영진가 장부에 기록된 자금거래의 예다.

　入　上片移來丁酉九月本文二千一百五十兩五分

　　　十二月十九日正租一石價文七十兩

　　　戊戌閏三月十三日德南洞田稅一百五十兩

　　　本合文二千三百七十兩五分

　　　戊戌八月至邊合文三百三十八兩八錢八分

　　　本邊合文二千七百八兩九錢三分　下錄

1898년 9월 15일 현재 급차질인 공자동(公子洞) 계정이다. 전기이월액 2,150.05량에 벼(正租) 한 섬 가액 70량과 덕남동 소재 전답 임대료 150량을 합해 연도 말 원금 합계인 본합이 2,370.05량이다. 여기에 1898년 무술년 8월까지(戊戌八月至)의 지급이자 합계가 338.88량이다. 전기이월 2,150.05량에 대한 15%의 1년 이자 322.51량에, 70량과 150량이 공자동에 가산된 일자로부터 8월 말까지의 이자인 7량과 9.37량[69]을 더하면 이자 합계가 338.88량이다. 원금과 이자 합계인 본변합(本邊合)은 2,708.93량으로, 이 금액을 다음 회계연도로 이월하는 하록으로 표시되어 있다. 1898년에 처음으로 공자동 잔액으로 별도로 전답을 마련해서 여기에서 발생한 순이익을 공자동에 가산한 것이다. 이 내용은 여유 자금이 있으나 금융기관을 신뢰하지 못한 사람이 믿을 수 있는 친지에게 자신의 재산을 증식해달라고 자금을 맡긴 구체적인 예로, 1960년대까지도 우리 주위에서 흔히 볼 수 있었다. 박영진가의 이러한 회계 처리는 자금을 맡긴 사람과의 약속을 지키고 있는 실례로서 신용을 기본으로 한 개성상인의 모습이 투영된 것이라고 할 수 있을 것이다. 이 예는 오늘날의 투자신탁에 해당한다. 동일한 성격을 지닌 공자동과 승하동(乘霞洞) 계정은 1899년에 하나의 계정으로 통합되었다. 이 통합은 박영진가 장부를 이해하는 데 아주 중요한 의미가 있다. 공자동과 승하동이 같은 사람인 경우에는 통합에 문제가 없을 것이고, 두 사람이 합의하는 경우에도 통합이 가능할 것이다. 그러나 전혀 별개인 인명계정을 통합할 수는 없다. 따라서 이 경우는 한 사람이 자신의 자금을 나누어서 박영진가에 투자했거나, 두 사람이 모두 박영진가의 가까운 친지일 가능성이 크다. 자금거래가 명백하고 거래

---

69 구체적인 계산은 70×0.15×(8/12)=7이고, 150×0.15×(5/12)=9.37이다.

가 빈번한 계정과목을 제외하고 기말에 지급이자를 원금에 가산해주는 계정들은 결국 소유자 지분인지 장기대여금인지 분명하지 않다.

　지금까지 살펴본 것처럼 박영진가 삼포 경영에는 자본비용의 인식, 시장가격에 의한 내부 이전거래, 상생경영, 위험을 감안한 경영 등 현대적 경영 사고들이 내재되어 있다. 노동의 분화 역시 상당히 진척되어 있었던 것으로 보인다. 삼포에 필요한 노동의 종류가 20가지가 넘었고, 월급제와 일급제로 구분되어 있었으며, 일급제의 경우 노동의 종류에 따라 임금이 달랐다. 삼포 회계에서도 박영진가는 회계 투명성을 확보하고 있었다. 노동의 분화는 자본주의 경제의 대표적인 현상이며, 회계 투명성 확보는 오늘날 자본주의 경제의 핵심 화두다.

　박영진가의 조선조 말 회계 장부는 복식부기 장부이고, 이 장부에는 다양한 현대 자본주의적 경영 활동과 사고가 나타나 있다. 복식부기는 어느 날 갑자기 발명된 것이 아니라 장기간에 걸쳐 발전해 정착되었을 것이다. 최근 우리나라 경제사학계에서 우리나라는 일제 강점기에 비로소 근대화되기 시작했고 자본주의도 도입되었다는 이른바 식민지 근대화론이 힘을 얻고 있다. 여기에서 식민지 근대화론의 진실 여부를 구체적으로 논하지는 않겠다. 그러나 박영진가 장부의 존재 자체가 식민지 근대화론이 맞지 않다는 직접적인 반증임은 베버나 슘페터 등 선학의 주장에 비추어 볼 때 확실하다. 그렇다면 개성상인들의 자본주의적 사고는 어디에서 연유한 것일까? 우리 역사에 나타난 자본주의적 사고의 연원을 찾아보자.

제6장

관중의
자본주의 경제학

우리 경제 체제는 자본주의다. 자본주의 경제학은 당연히 서구 학문이라고 받아들여지고 있다. 그러나 인류 최초의 경제학자는 관중이다. 관중의 사상을 논한 『관자(管子)』에 나타난 경제학은 현대 경제학의 기본 개념들을 포괄하고 있을 뿐만 아니라 오히려 완성도가 더 높은 경우도 있다. 『관자』는 늦어도 삼국시대에 우리나라에 전해졌고, 그때부터 관중의 사상을 우리나라 사람들이 알고 있었다고 추론할 수 있다. 일제 강점기에 들어서면서 사상적 맥이 단절되어 관중의 경제학을 우리가 몰랐을 따름이다.

자본주의란
무엇인가?

세계 대부분 국가들은 자본주의 체제를 유지하고 있다. 그래서 자본주의는 우리 모두에게 당연하고 자연스러운 것으로, 또 인류가 지금까지 창안한 경제 체제 중에서 가장 바람직한 체제로 받아들여지고 있다. 그러나 자본주의 사회가 정착되기까지는 많은 희생과 투쟁이 있었다. 자본주의는 그 본질에서는 차이가 없을지라도 구체적으로 발현되는 형태에는 국가별로 큰 차이가 있다. 뿐만 아니라 자본주의는 그 자체 내부에 모순이 존재할 수밖에 없으므로 끊임없이 모순을 치유하면서 진화되어 왔다.

일반적으로 자본주의는 시장을 통해 자원이 배분되고 시장 안에서 소득 분배가 결정되는 경제 체제다. 시장은 그 사회에 존재하는 다양한 자원을 가장 가치 있는 용도로 전환시키는 기구이며, 이 과정에서 시장 참여자인 자본가와 노동자에게 소득이 배분된다. 자본주의 경제에는 본질적으로 세 가지 특징이 존재한다.[70]

70　E. K. 헌트, 『자본주의에 불만 있는 이들을 위한 경제사 강의』, 유강은 옮김, 이매진, 2012의 제2강 참조.

첫째, 자본주의 사회에서 살고 있는 절대 다수의 사람들은 누구나 자신이 원하는 물건을 시장에서 돈을 주고 살 수 있다. 시장 교환의 보편성이 존재한다. 이는 각 개인이 많은 다른 사람의 생산에 의존해야 하며, 많은 다른 사람들 역시 한 개인이 맡은 생산에 의존하는 체제임을 의미한다. 자본주의 체제는 본질적으로 개인의 상호 의존성에서 출발한다. 그러나 이 상호 의존성은 상품을 사는 돈에 각 개인이 의존하는 체제인 셈이다.

둘째, 자본주의에는 언제나 네 계급이 존재한다. 부유한 자본가, 소규모 자영업자와 독립된 전문직, 노동자, 빈곤층이다. 이 계급 구조에서 노동자는 생산 자원(천연자원, 기계, 공장 등)의 소유와 통제권에서 분리되어 있다. 노동자가 빈곤층으로 떨어지지 않으려면 일자리를 구해 자신의 노동력을 팔아야 한다. 소규모 자영업자와 독립된 전문직은 일정한 자원을 소유하고 통제해 수입이 있으나, 노동력을 팔지 않아도 될 정도로 충분하지 않기 때문에 여전히 일을 해야 한다. 최하층인 빈곤층은 재산도 없고 여러 이유로 노동력을 팔 수도 없는 사람들이다. 노동 조건과 임금이 열악해도 일자리를 구하기 위해 온갖 노력을 다해야 한다.

셋째, 자본주의 경제에서는 무엇을, 어떻게, 누가, 어디서, 누구를 위해 생산할 것이냐 하는 문제가 이윤 추구에 의해 결정된다. 즉, 자원 배분이 이윤 추구에 의해 결정된다. 자본가는 생산의 주체인 기업을 지배한다. 자본주의 사회에서 창의적이고 생산적인 노력은 주로 기업에 고용된 임금 노동자의 몫이다. 노동자가 생산하는 가치가 임금보다 커야만 자본가는 노동자를 고용한다. 즉, 무엇을 생산할 것인가하는 문제는 사회적 요구가 아닌 오직 자본가의 수익성 기준에 의해 결정되는데, 바로 이윤 추구 동기다. 사회적 요구와 이윤 추구 동기가 조화를 이룰 때도 있지만, 서로 상충되는 경우에는 이윤 추구 동기가 생산을 결정한다.

이상의 세 가지 특징에서 개인 간 상호 의존성은 필연적으로 사회적인 분업이 효율적임을 전제한다. 시장은 분업의 효율성을 구현하고 사회 전체적으로 최적 생산을 가능하게 하는 '보이지 않는 손(invisible hand)'으로 작용한다. 이윤 추구는 필연적으로 경쟁을 유발하고, 경쟁은 경제적 효율성을 높이는 기제로 작용한다. 그 결과, 자본주의 사회에서는 대량생산이 일반적인 생산 형태가 된다.

자본주의 사회의 경제 활동은 명시적이든 묵시적이든 계약에 의해 이루어진다. 계약이 원활하게 이행되고 도량형과 화폐가 통합되어야 자본주의가 작동한다. 결과적으로 계약이 원활하게 이행될 수 있게 하는 법과 정치 체제가 뒷받침되어야 자본주의가 존립할 수 있다. 자본주의를 뒷받침하는 일반적인 정치 체제가 대의주의에 기반을 둔 민주주의이고, 오늘날 대부분의 자본주의 국가 정치 체제는 민주주의에 기초하고 있다. 이런 정치 체제를 만들어내기 위해서 그렇게 많은 피를 흘린 혁명이 있었다.

서양이 중세 봉건사회에서 자본주의로 발전해가는 과정에서 제일 먼저 극복한 것은 기독교 가부장 사회라는 이데올로기였다. 영주, 승려, 귀족, 기사, 농노로 구성된 장원제도는 하느님이 정해준 영원한 사회관계이자 자연 질서라는 것이 기독교 가부장 사회의 핵심 윤리다. 이 윤리는 당연히 반자본주의적이다. 이기심과 물질적인 성취 욕망을 부정하기 때문이다. 이 이기심이 자본주의 시장경제의 기초가 되는 인간의 의식이다. 즉, 교조적인 이데올로기에서 벗어남으로써 자본주의가 자리를 잡은 것이다. 개인 이기주의가 성취한 물질적 풍요가 하느님의 축복이 된 것이다.

신분제와 관련된 교조적 이데올로기는 조선에서도 사회 발전을 가로막은 커다란 장애 요인이었다. 조선은 사대부의 나라였다. 성리학이 지배한 조선에서 사대부, 양인, 천인으로 구분된 신분제도는 누구도 거스를 수 없는 하늘이 정해준 질서, 이른바 천경지의(天經地義)였다. 공자가 계급을 논하지 않고 인간을 다만 군자와 소인으로 구분했음에도 불구하고 성리학을 완성한 주자(朱子)는 엄격한 계급사회를 구축했고, 이것이 조선 사대부들에게는 진리였다.

임진왜란 이후 신분제가 급격히 무너져가는 와중에도 조선 사대부들은 기득권을 지키기 위해 시대의 흐름에 역행해 백성들에게 곤궁과 질곡을 안겨주었다. 특히 1800년 정조 사후 완전한 노론 일당독재에 들어가고 수탈이 가중되자 백성들의 저항이 농민 항쟁 등 여러 형태로 나타났다. 그러한 과정에서 민중들의 역량이 표출되고, 새로운 사상이 싹트기 시작했다.

서양 자본주의 역사에서 장원제도를 붕괴시킨 결정적인 계기는 장원에 속한 농노들이 몸으로 감당해야 하는 부역(賦役)을 돈을 내고 해결하는 금납(金納)이 가능해진 것이었다. 농업 기술 발달로 농노들의 생산성이 향상되어 잉여생산물이 늘어나고, 이를 시장에 판매해 화폐 수익을 얻을 수 있게 되자 금납이 가능해졌다. 이렇게 되자 시장과 이윤 추구가 경제의 근본 원리로 인식되었다. 영주들은 자신들의 직영지를 임대함으로써 현대적인 지주로 변모할 수 있었고, 농민은 소규모 자영업자가 될 수 있었다. 전통적인 중세 장원제도가 붕괴하기 시작했다. 봉건 귀족들은 금납을 중지하고 장원제도 부활을 시도했으나 엄청난 농민들의 저항에 직면했다. 1525년에 발생한 독일 농민 반란에서는 10만 명 이상이 살해되었다. 그러나 역사 흐름에서 볼 때 기득권층의 복고주의 시도가 성공한 예가 없다.

자본주의에서는 자본 축적이 필수적이다. 서양 자본주의 역사에서 자본을 축적한 가장 중요한 원천이 무역과 상업 규모의 급속한 확대였다. 여기에는 대항해 시대가 열림에 따라 실제 항해에 종사하는 사람에게 자본가가 필요한 자금을 먼저 공급하고 나중에 이익을 분배하는 이른바 선대제(先貸制)가 크게 기여했다. 오늘날 경영 관점에서 볼 때 자본가와 경영자인 항해자가 위험을 분담하는 시스템이 발명된 것이다. 이 선대제는 자본주의 경제의 일반적인 기업 조직 형태인 주식회사 제도의 모태다.

부역의 금납과 선대제의 효과는 조선 경제에서 대동법(大同法)을 실시한 것과 유사하다. 조선의 조세제도는 조용조(租庸調)였다. 조(租)는 농토에 부과하는 토지세이고, 용(庸)은 부역으로서 노동력을 제공하는 것이다. 조(調)는 그 지방의 특산물을 납부하는 것으로 공납(貢納)이라고 한다. 그런데 공납에서 큰 문제가 발생했다. 공납의 부과 단위가 재산이 아니라 가호(家戶)였기 때문이다. 부호(富戶)·빈호(貧戶)를 막론하고 비슷한 액수의 세금을 부과했는데, 요즘으로 치면 부자나 빈자나 똑같은 액수의 세금을 내는 간접세와 마찬가지였다. 그래서 공납 부과 단위를 가호가 아니라 농지 면적으로 바꾸자는 해결책이 대두

되었다. 농지 면적으로 부과 단위를 바꾸고 쌀로 통일해 내게 하자는 것이 대동법이었다. 조세 정의에 부합했지만, 농지를 많이 가진 양반 사대부들이 극렬하게 반대했다. 대동법이 실시되자 정부 소요 물자를 공인(貢人)으로부터 조달함으로써 상공업 활동이 촉진되어 전국적으로 시장이 통합되고 화폐경제가 발전하는 계기가 되었다. 특히 공인들은 생산자에게 선대제를 실시했다.

관중은 세계 최초의 경제학자다

근대 경제학의 기본 개념들로 수요, 공급, 분업, 시장, 국민소득, 국제 무역, 경기 등을 들 수 있다. 인류 역사상 최초로 이런 개념들을 이해하고 실제로 국가 정책에 활용한 사람이 관중이다. 관중은 중국 춘추시대 지금의 산둥성(山東省) 일대에 있었던 제(齊)나라 재상이었다. 제나라는 환공(재위 서기전 685~643)이 다스릴 때 패자로서 가장 융성했는데, 이때의 재상이 바로 관중이었다. 관중은 지금의 안후이성(安徽省)에서 태어났다고 한다. 친구 포숙(鮑叔)에게 많은 도움을 받았는데, 두 사람의 우정은 관포지교(管鮑之交)라는 고사로 남을 만큼 유명하다. 관자는 관중의 존칭이고, 동시에 관중과 관련된 책 이름이다.

『관자』는 관중이 직접 쓴 것으로 보이는 아홉 편을 제외하면 대부분 후학들이 집필했다. 한나라 유향(劉向)이라는 사람이 86편으로 정리했는데, 그 뒤에 열 편이 없어져 현재는 76편이 남아 있다. 『관자』는

다양한 중국의 고대 사상을 총
칭하는 제자백가(諸子百家)의 대
표적인 저작이다. 『관자』 사상
을 『한서(漢書)』 「예문지(藝文志)」
에서는 도가(道家)로, 그 뒤에 나
온 『수서(隋書)』 「경적지(經籍志)」
에서는 법가(法家)로 분류했다.
그러나 지금 전해지는 『관자』는
유가(儒家)적 사상과 법가적 사

관중.

상을 포괄하고 있기 때문에 유가는 유가의 원조로, 법가는 법가의 원
조로 볼 수도 있을 것이다. 이는 『관자』가 동양 사상 형성 초기의 대
표적인 저작일 뿐만 아니라 중국 사상의 원형이기 때문일 것이다.

관중이 활동한 시기를 서양사와 비교하면 도시국가 로마 건국 후
1세기가 지난 무렵이고, 아리스토텔레스보다 300년 앞선다. 무엇보다
도 관중은 아는 것을 실천하지 않으면 그 지식은 완전하지 않다고 생
각했다. 나아가 실천하지 못할 일은 말도 하지 않는 것이 좋다고 생
각했다. 말과 행동을 일치시키는 것이 관중의 철학이었다.

관중에 대한 평가는 상반된다.[71] 제자들이 관중의 부정적인 측면에
대해 질문하자 공자는 관중을 다각적으로 평가했다.

---

71 관중에 대한 여러 사람의 평가는 공원국, 『춘추전국 이야기 1』, 역사의아침, 2010, pp.
163~168 참조.

환공이 천하의 제후들을 아홉 번이나 불러 모았는데 힘으로 하지 않은 것은 관중의 덕이니 관중은 어진 사람이다. 관중이 섬긴 공자 규(糾)를 환공이 죽일 때 관중이 따라 죽었다면 아녀자 같은 절개를 지키기 위해 스스로 목을 매어 도랑에 처박힌 격이었을 것이다. 따라 죽지 않고 환공을 섬겨 천하를 바로잡았다. 관중이 병탄한 읍의 백성들이 거친 밥을 먹으면서도 죽을 때까지 관중을 원망하지 않았다.[72]

공자가 볼 때 관중은 중국을 지킨 공명정대하고 위대한 정치가였다. 사마천(司馬遷)은 『사기(史記)』 「관안열전(管晏列傳)」에서 관중의 재산은 임금에 버금갔고 부인이 셋이나 있었으며 제후 행세를 했지만, 제나라 사람들은 그를 사치스럽다고 생각하지 않았다고 평가했다. 그러나 맹자(孟子)와 순자(荀子)의 평가는 달랐다. 맹자는 관중이 탁월한 지도력을 지니고 있었고, 실제 환공을 춘추의 패자로 만든 경륜이 있었으며, 환공의 신임이 대단했음에도 불구하고 왕도정치를 실천하지 못한 점을 한탄했다. 관중이 왕도정치를 실천했더라면 비참한 전쟁으로 점철된 전국시대는 없었을 것이라는 맹자의 안타까움에서 나온 반응이었을 것이다. 관중이 살았던 시대는 춘추시대였고, 맹자가 살았던 시대는 전국시대였다. 춘추의 패자들은 그래도 도의가 있었으나 전국시대 군웅들은 도의가 없이 비참한 전쟁에 몰두한 시대 상황의 변화를 한탄한 것일 것이다.

순자는 관중이 공을 세우는 데 힘쓰고 인(仁)을 행하는 데 힘쓰지 않

---

72 위 책, p. 166.

앉으며 야인(野人)이어서 천자의 대부가 될 수 없다고 평가했다. 야인은 요즈음 말로 촌놈이다. 촌놈이니 예(禮)를 잘 몰라서 주(周)나라의 정치 질서를 바로 세우는 천자의 대부가 될 수 없었다는 뜻일 것이다. 이렇게 보면 관중의 등장은 주나라 신분 질서가 무너지는 징조라고 할 수 있을 것이다.

『관자』제1편이 「목민(牧民)」이다. 나라를 다스리는 근본이 백성을 잘살게 하는 것이라고 「목민」편 '국송(國頌)'은 시작한다. 이어 백성은 "창고가 가득 차면 예절을 알고, 의식이 풍족하면 영광과 치욕을 안다."[73]고 갈파했다. 백성이 예절을 알고, 영광과 치욕을 알아야 다스릴 수 있다고 본 것이다. 정치의 근본이 경제에 있다고 본 것이다.

평가가 어떠하든 관중은 중국 역사에서 정치 패러다임을 바꾸었다. 그의 사상의 핵심은 민본주의라고 할 수 있다. 인간이 보편적으로 살아가는 삶의 방식에 기초를 두고 그들이 원하는 바를 채워주는 것을 정치 중심에 둔 것이다. 뒤에서 살펴보겠지만, 개인의 이윤 추구 동기를 전제하고, 신분제를 개선하는 데 중점을 두고, 시장의 역할을 중시했다는 점에서 관중은 자본주의 경제학자다. 그는 세계 정치경제학의 창시자일 뿐만 아니라 실천자였다.

---

73 『관자』「목민」. "倉廩實 卽知禮節 衣食足 則知榮辱."

정치는
경제가 먼저다

제나라 환공은 몸을 세 번 씻고 세 번 향에 쬐는 이른바 삼흔삼욕(三釁三浴) 후 관중을 맞이하자마자 정치 요체를 물었다. 관중은 첫째, 유능한 인재를 채용하고, 둘째, 법을 명확하게 해서 모두가 알게 해야 하며, 셋째, 상과 벌이 공정해야 하며, 넷째, 일의 우선순위를 정해 처리해야 한다고 대답했다. 지금 기준으로 보면 평범한 대답이다. 그러나 서기전 7세기 중엽의 대답이다. 신분이 기본이던 사회에서 신분에 구애받지 않고 인재를 선발한다는 사고는 혁명적이다. 법을 명확하게 하는 것은 모든 사람에게 행동 준거 기준을 정해주는 것인데, 지배층이라도 법을 준수해야 한다는 법치주의를 천명한 것이다. 또 상과 벌이 공정해야 개인의 동기를 유발해 일의 성과가 좋아진다는 인간의 보편적인 행동 양식을 수용한 것이다. 핵심적인 일, 중요한 일, 부차적인 일 등으로 우선순위를 정해 처리하는 것은 일의 경중을 가려야 한다는 지극히 실천적이고 실사구시적인 접근 방식이다. 이 대답은 실천적 정치의 기본 방향으로 총론에 해당한다. 관중의 이런 사상은 오늘날 경영학과 행정학의 조직관리에서 동기부여에 해당하는 핵심 이론이다.

　관중은 이런 정치가 가능하려면 경제가 정치의 기본이 되어야 한다고 갈파했다. 그는 『관자』「목민」편의 '사순(四順)'에서 민심이 원하는 네 가지를 채워주는 정치를 제시하고 있다.

　정치가 흥하는 것은 민심을 따르는 데 있고 정치가 피폐해지는 것은 민심을 거스르는 데 있다. ① 백성은 근심과 노고를 싫어하므로 군주는 그들을 편안하고 즐겁게 해줘야 한다. ② 백성은 가난하고 천한 것을 싫어하므로 군주는 그들을 부유하고 귀하게 해줘야 한다. ③ 백성은 위험에 빠지는 것을 싫어하므로 군주는 그들을 보호하고 안전하게 해줘야 한다. ④ 백성은 후사가 끊기는 것을 싫어하므로 군주는 그들이 잘 살도록 해줘야 한다.[74]

백성을 만족시키는 것이 정치 요체라는 주장이다. 고대에 대부분 국가에서는 백성을 채워주는 정치보다는 백성에게서 빼앗는 정치가 기본이었다. 빼앗는 것이 임계점을 넘으면 나라가 망하는 것이 역사적 사실이었다. 백성을 채워주고 만족시키는 것을 오늘날의 용어로 표현하면 민본주의 사상이다. 서기전 7세기 사람이 민본주의를 제창하고 실천했다. 정치적 관점에서 볼 때 백성들이 먹고살 만해야 정책을 시행할 수도 있고 책임을 물을 수도 있기 때문에 경제가 정치의 기본이라고 보았을 것이다. 관중 사후 2,700년이 지난 오늘날에도 대한민국과 세계 각국의 정치 화두가 경제인 것을 보면 수천 년의 시대를 앞선 관중 사상의 탁월함을 알 수 있다.

이어 관중은 백성이 먹고살 만하고 편안해지면 국력을 신장시키기 위해서 분업을 해야 한다고 주장했다. 백성을 사농공상(士農工商) 사민(四民)으로 나누고, 당시 귀족으로서 국방을 담당한 사(士)에 대해 다음과 같이 말했다.

---

74 관중, 『관자』, 김필수 외 옮김, 소나무, 2006, pp. 32~33.

사인이 편안하고 한적한 곳에 함께 거주하게 되면 아비들끼리는 의를 이야기하고, 아이들끼리는 효를 이야기하고, 군주를 섬기는 자는 공경을 이야기하고, 어린 자는 윗사람을 대하는 것을 이야기합니다. 어려서부터 이를 익히면 마음이 안정되어 다른 일을 보고도 쉽게 옮겨 가지 않습니다. 이렇게 하면 부형이 엄격히 가르치지 않아도 자제는 저절로 배움을 이루고, 고생스럽게 공부하지 않아도 실력을 갖추게 됩니다. 대체로 이렇게 하면 사인의 자제는 항상 사인이 되는 것입니다.[75]

국방을 담당하는 사(士)가 경제적 이익 추구에 몰두하면 필연적으로 본업에 소홀해질 것이다. 따라서 한곳에 모아서 대대로 살게 하면 큰 노력 없이도 자식들은 그 부모를 통해서 무예와 전술 전략을 익히게 되어 국방력이 강화된다는 것이다. 즉, 국방을 담당하는 전사 집단을 전문화해야만 국방력이 강화된다는 주장이다. 춘추시대에는 전사 집단은 귀족이었고 농민들은 병역 의무가 없었다. 전사 집단이 돈벌이에 나서면 국방력이 약화될 수밖에 없는 사회 구조였다.

공인(工人)에 대해 관중은 다음과 같이 주장했다.

공인들을 한곳에 거주하게 하면, 이들은 네 계절의 상황을 살펴서 노동력의 쓰임을 계산하고, 물건의 쓰임을 요량하고, 자재를 비교하고 협동하면서 아침저녁으로 이 일에 매달리어 사방에 물건을 퍼뜨립니다. 이런 일로써 자제들을 가르칩니다. 그들은 서로 의견을 나누면서 일하고, 서로

---

75 공원국, 앞 책, 『춘추전국 이야기 1』, p. 220.

자신의 재능을 보여주고 그 기술을 비교합니다. 어려서부터 이렇게 하면 마음이 안정되어 다른 일을 하려 함부로 옮겨 가지 않습니다. 이렇게 하면 공인의 자제들은 계속 공인이 되는 것입니다.[76]

이 구절은 평범하지만 경제의 정곡을 찌르고 있을 뿐만 아니라 현대 경제학을 창시한 애덤 스미스(Adam Smith)『국부론(The Wealth of Nations)』의 핵심 이론인 '사회적 분업이론'보다 한 걸음 더 나아간 것이다. 클러스터(cluster)를 조성해 분업을 실천하자고 주장한 것이다. 공인들이 클러스터를 이루면 서로 정보를 공유하면서 경쟁하게 되고, 기술과 경영 노하우 전수가 용이해져 효율성이 높아지고 생산력이 증대될 것으로 본 것이다. 나아가 어려서부터 이러한 체제에 익숙해지면 안정된 상태에서 생산력이 증대될 것이라는 주장이다. 현대 분업이론이 인간을 기계에 종속시킴으로써 인간 소외가 불가피한 상황을 2,700년 전에 관중은 알고 있었다. 그래서 부지불식간에 안정된 상태에서 분업이 이루어져야 한다고 주장한 것이다. '즐거운 분업'이어야 분업의 이익이 지속될 수 있다는 사실을 설파한 것이다. 현대 경제학보다 한 발 앞선 분업이론이다. 이런 분업 결과, 경쟁력이 높았던 제나라의 관, 의복, 띠 등이 춘추시대 전국에 팔려나갔다고 『사기』「화식열전(貨殖列傳)」에 기록되어 있다.

농업에 대해 관중은 다음과 같이 주장했다.

---

76 위 책, p. 222.

농민들을 한곳에 모여 살게 하면, 이들은 사계절에 맞게 일을 계획해서 쟁기, 낫, 호미를 다루게 됩니다. 대한이 지나면 밭의 풀을 제거하고, 땅 갈 때를 기다립니다. 땅을 갈 때가 되면 땅을 깊이 뒤엎고 비를 기다립니다. 봄비가 내리면 온갖 농기구를 끼고 나가서 아침부터 저녁까지 열심히 밭에서 일합니다. 웃통을 벗고, 삿갓을 쓰고, 온몸이 젖고, 발은 진흙투성이가 됩니다. 햇볕에 머리카락과 얼굴이 까맣게 타도 열심히 손발을 움직여 밭에서 일합니다. 어려서부터 이렇게 하면 마음이 안정되어 억지로 가르치지 않아도 능숙해지고, 농부의 아들은 또 농부가 되어 도성 근처에 얼쩡거리지 않습니다. 이 중에 우수한 사람은 능히 사인(士人, 군인, 선비)이 될 수 있는데, 이들은 참으로 믿을 만합니다. 지방을 관장하는 관리가 이런 사람을 보고하지 않으면 그는 5형에 처해야 합니다.[77]

이 구절에서 관중은 농부의 고통을 알고 있으며, 열심히 일하면 의식이 풍족할 수 있음을 확신하고 있다. 시골 출신인 관중의 이른바 '유능한 촌놈을 등용하는 것이 국가 발전에 도움이 된다'는 신념도 나타나 있다.

관중의 분업론은 인간 본성을 존중하는 분업론이다. 현대 경제학의 기본 전제인 개인의 이윤 추구 동기를 특히 공인, 상인, 농부에게 인정하고 있다. 관중을 법가 사상의 원조로 보기도 하지만, 관중 이후 법가보다는 관중이 더 발전된 법가라고 할 수 있다. 관중은 법을 "백성의 능력을 발휘하게 하는 도구"[78]로 보았다. 관중은 백성들의 이

---

77 위 책, p. 224.

윤 추구 동기를 인정해 그들의 욕망을 채워주는 것이 국가 발전의 요체라고 본 반면, 후세의 법가는 백성들의 욕망을 억누르는 것이 부국강병의 기초라고 보았다. 관중은 신분 상승 기회를 제공하는 것이 개인에게 강력한 동기를 유발한다는 사실도 인식하고 있었다. 이런 사고는 현대에는 자연스러운 상식이다. 관중이 활동한 고대에 이런 사고는 혁명적이었지만, 그는 재상으로서 성공했다. 그렇기 때문에 중국 역사에서 패러다임을 바꾼 경세가로 평가되는 것이다.『삼국지연의(三國志演義)』에서 그 유명한 제갈량(諸葛亮)이 자신을 관중에 비교하는 소이가 여기에 있을 것이다.

　이상은 관중 경제학의 총론이라고 할 수 있다. 이제 관중 경제학의 구체적인 내용인 각론을 살펴보자.

관중은
거시경제학자다

관중은 시장의 기능을 잘 알고 있었다. 그는 국가의 기본 정책을 설파한『관자』「승마(乘馬)」편에서 시장에서 물자 수급 상황과 물가 수준을 살펴보고 적절한 경제 정책을 수립해서 시행할 것을 주장했다.

　시장의 상황은 물자의 수급 상태를 나타내는 지표이다. 재화가 많아 물

78　『관자』「권수(權修)」. "法者 將用民能者."

가가 안정되면 투기적 이익은 사라진다. 투기적 이익이 사라지면 국가적 사업을 조정할 수 있으며, 경제적 조정이 정상화되면 국민들의 경제적 삶이 절도가 있게 된다(물자의 과부족이 없다). 국가사업과 재정은 계획에 의해 이루어져야 하며 많은 노력으로 성공할 수 있다. 방만하면 실패를 낳고, 계획이 없으면 아무것도 이루어질 수 없으며, 재정 부문에서 많은 노력이 없으면 국가적 사업은 성공할 수 없고, 방만하지 않으면 실패가 없다. 그리하여 시장 상황으로 치란(治亂)을 알 수 있고, 물자의 많고 적음을 알 수 있다. 그러나 물자의 많고 적음을 임의로 조작할 수는 없다. 바로 여기에 사회적 진리가 있다.[79]

관중은 국가 경제에 관한 정보를 시장에서 얻을 수 있다고 생각했다. 수요와 공급 상태를 시장을 통해서 알 수 있으나, 이는 개인 이윤 추구 동기에 의해 결정되기 때문에 임의로 조작할 수 없다고 보았다. 그러나 국가는 물자 과부족이 생기지 않도록 시장 정보를 기초로 치밀한 계획을 세워서 적절하게 대처해나가야 한다고 주장하고 있다. 이는 국가 경제를 인위적으로 관리해서 국력을 신장할 수 있다는 사고다. 기본적으로 경제 정책은 시장 상황에 초점을 맞추지만, 시장 실패(market failure)가 발생하지 않도록 국가가 치밀하게 개입해야 한다고 주장한 것이다. 이는 현대 자본주의 국가들의 경제 운용 기본과 일치한다. 서기전 7세기 중국에서 이러한 사고를 가진 사람이 경제 정책을 실행했다는 것은 놀라운 사실이다.

---

79 송희식, 『인류의 정신사』, 삼성경제연구소, 2001, p. 51.

이어서 관중은 시장이 개인 이윤 추구 동기에 의해 작동함을 설파했다. 관중은 경기를 어떻게 부양할 것인가를 논한 『관자』「치미(侈靡)」편에서 다음과 같이 지적했다.

> 백성은 보물이 없어서 이익을 으뜸으로 여깁니다. 한 편은 많고 한 편은 적은 것은 오직 이익 때문입니다. 이익이 있은 뒤에야 유통할 수 있고, 유통한 뒤에야 시장이 작동합니다. 이익이 줄어 교역이 왕성하지 않으면 이익이 나는 곳을 관찰한 다음 그곳으로 따라갑니다.[80]

개인 이윤 추구 동기에 의해 시장이 작동한다는 이론이다. 이어 관중은 재정·화폐·물가·생산 간의 관계를 「승마」편에서 명쾌하게 정리했다.

> 화폐 가치는 경제 동태의 척도이다. 화폐 가치 변동의 원리를 아는 것은 바로 국가 재정의 팽창과 긴축의 원리를 아는 것이다. 재정의 팽창과 긴축의 원리를 알면 모든 경제생활의 과부족이 없게 조절할 수 있다. 너무 심한 긴축재정은 국가사업을 해친다. 그렇지만 너무 심한 팽창재정은 국민의 생활 물자를 해친다. 심한 긴축재정은 시중에 화폐를 많이 유통시키게 되고, 시중에 화폐가 많아지면 국가사업을 수행하기 어렵다. 그리하여 긴축재정은 국가사업을 해친다. 반대로 심한 팽창재정은 시중에 화폐를 귀하게 만들고, 화폐가 귀하게 되면 재화 가격이 하락해 그것이 국민의

---

[80] 관중, 앞 책, 『관자』, p. 482.

생활에 필요한 생산을 해치게 된다. 시중에 생산물이 바닥난 후에야 부족함을 아는 것은 바로 재화 수급을 제대로 모르는 것이다. 반대로 국가 사업이 중단되는 사태에 이르러서야 시중에 재화가 남아도는 것을 알게 되는 것은 바로 경제적 조정을 모르는 것이다. 물자의 수급을 모르고 경제적 조정을 모르면 사회적 진리를 안다고 할 수 없다.[81]

원문에는 화폐가 금(金)으로 되어 있다. 오늘날과 같은 관리통화제가 아니라 금속이나 상품화폐가 일반적이었던 고대에는 화폐의 양이 한정되어 있었다. 따라서 긴축재정을 실시하면 정부에서 확보해야 하는 화폐의 양이 줄어들어 시중에 화폐가 많아져서 물가가 상승하고, 반대로 재정이 팽창하면 정부가 확보하는 화폐가 늘어나 시중에 화폐가 귀해지고, 그 결과 물가가 내려가고 생산이 줄어든다는 논지다. 따라서 긴축과 팽창 사이에서 적절한 재정 수준을 정해서 국가재정을 관리해야 한다는 이론이다. 화폐의 양을 인위적으로 조절하기 어려웠던 고대에 관중은 현대 경제학의 화폐수량설(quantity theory of money)을 경제 정책에 실제로 적용했던 것이다. 관중은 고대 금융경제학자이자 재정학자라고 할 수 있다. 그는 시장이 돌아가는 상황을 고려해 국가의 재정을 운영하는 오늘날의 거시경제 정책을 서기전 7세기에 실행했던 사람이다.

앞에서 살펴보았듯이 관중은 공인, 상인, 농부의 분업이 국력을 신장시키는 기본이라고 인식하고 있었다. 여기에 더해 관중은 자유무역

---

81 송희식, 앞 책, 『인류의 정신사』, p. 52.

이 보장되지 못할 때 비교우위 이론이 개별 국가의 입장에서 얼마나 위험한지도 잘 알고 있었다. 환공이 관중에게 국경을 맞대고 있는 노(魯)나라와 양(梁)나라를 굴복시킬 계책을 물었다. 이 두 나라가 비단 생산에 특화되어 있음을 간파한 관중은 환공과 신하들이 비단옷을 입으면 백성들도 비단옷을 입을 것이라고 예상해 그대로 실행했다. 비단 수요가 급등하자 가격이 급등했다. 두 나라는 농사를 팽개치고 비단 생산에 몰두했다. 1년 후 환공과 신하들이 비단옷을 입지 않고 비단 수입을 금지하자 비단 가격은 폭락했고, 농사를 소홀히 한 두 나라에서는 곡물 값이 급등하고 굶어 죽는 사람이 속출했다. 관중의 나라인 제나라에서 10전 하는 곡물 한 말 값이 노나라와 양나라에서는 1,000전이나 되었다. 2년이 지나자 두 나라 백성의 6할이 제나라로 이사했고, 두 나라 군주도 제나라에 항복했다. 다소 잔인한 방법이었지만, 무역의 비교우위를 이용해서 정치적 목적을 달성한 것이다.

「치미」편에서 환공이 경기를 활성화하는 방법을 묻자 관중은 "치미보다 좋은 것이 없습니다."[82]라고 대답했다. 여기서 치(侈)는 크게 베푼다는 의미이고, 미(靡)는 많이 소비한다는 뜻이다. 내수를 진작하면 경기가 활성화될 것이라는 논리다. 이어서 그 내용을 설명했다.

부유한 사람이 충분히 소비하면 가난한 사람은 일자리를 얻게 됩니다. 이것이 백성의 편안한 삶이고, 온갖 생업을 진작해 먹고살게 하나, 이것은 백성이 혼자 스스로 노력해서 되는 것이 아니라 군주가 나서서 도와주어

---

82 『관자』「치미」. "莫善於侈靡."

야 하는 것입니다.[83]

현대 경제에서 내수를 활성화해 경기를 부양하는 것은 일반적인 경제 정책이다. 경제를 그냥 두어서는 내수가 살아나지 않기 때문에 정부는 다양한 직간접적 정책 수단을 구사해 국내 소비가 늘어나도록 유도한다. 관중에게 소비, 투자, 정부 지출, 무역수지의 합계가 국민 총생산(GNP)이라는 개념은 없었을 것이다. 그러나 국가 경제가 어떻게 작동하는지에 대해서는 분명히 알고 있었다. 관중은 이른바 세상 돌아가는 이치를 아는 문리(文理)가 트인 거시경제학자였다고 할 수 있을 것이다.

관중은 시장을 중시했다

관중은 시장의 기능을 긍정적으로 평가했다. 그는 시장을 소비를 진작해 경기를 활성화하는 역할을 수행하는 기제로 인식했다. 『관자』 「치미」편의 다음 글을 보자.

도성이 부유하고 향촌이 가난하면 시장만큼 좋은 것이 없습니다. 시장이란 권장하는 곳입니다. 권장은 소비를 일으키는 것입니다. 농업을 잘 관

---

83 관중, 앞 책, 『관자』, p. 477.

리하면 장사가 흥합니다. 소비 생활이 장려되지 않으면 농업도 확립될 수 없습니다.[84]

상인들은 철저하게 이윤 추구 동기에 따라 움직이고, 근본적으로 지역 간 가격 격차를 이용해서 돈을 벌며, 이 과정에서 지역 간 물자의 과부족이 해소되는 것을 관중은 잘 알고 있었다. 이 역할이 시장의 주요 기능이다. 역사서 『국어(國語)』에 나오는 다음 구절에 이 내용이 잘 나타나 있다.

> 상인들은 사계절에 따른 상품의 수요를 예측한 후, 그 동네의 공급 상황을 보고는 시장의 가격을 알아냅니다. 그러고는 물건을 메고, 지고, 안고, 우차에 싣고, 마차에 싣고 사방을 돌아다니며 남는 것을 가져다 없는 곳에 팔고, 싸게 사서는 비싸게 팝니다. 아침저녁으로 이렇게 일을 하고 그 자식들을 독려합니다. 서로 이익을 말하고, 영리를 보여주며, 상품을 늘어놓아 가격을 이해하게 합니다.[85]

개인의 이윤 추구 동기를 국가가 완전하게 관리할 수 없다는 것을 관중은 알고 있었다. 앞에서 인용한 「승마」편에서 시장에서 "물자의 많고 적음을 임의로 조작할 수는 없다."[86]고 했다. 대신에 관중은 시장의 기능을 적극적으로 활용했다. 먼저 시장을 통해 물가를 조절해 민

---

84 위 책, p. 490.
85 공원국, 앞 책, 『춘추전국 이야기 1』, p. 253.
86 『관자』 「승마」, "不能爲多寡."

생을 안정시켰다. 『관자』 「국축(國蓄)」편에는 물가 조절 정책이 기록되어 있다.

> 재물을 잘 관리하는 군주는 백성의 씀씀이가 부족할 때 비축된 재물을 방출하고, 백성의 재물에 여유가 있을 때 재물을 잘 통제한다. 백성이 재물에 여유가 있으면 가격이 낮아지기 때문에 군주는 낮은 가격에 거두어들이고, 재물이 부족하면 가격이 높아지기 때문에 군주는 높은 가격으로 방출할 수 있다. 낮은 가격에 거두어들이고 높은 가격에 방출하기 때문에 군주는 반드시 10배의 이익을 남기고 물가를 안정시킬 수 있다.[87]

이 구절은 이른바 풍년기근을 논한 다음에 나온다. 풍년이 들어 곡식 값이 싸지면 값이 너무 싸고 잘 팔리지도 않아서 개나 돼지도 사람이 먹는 양식을 먹게 되어 남는 양식이 모두 탕진된다. 그래서 다음 해에 흉년이 들면 비축해놓은 곡식이 없기 때문에 기근이 드는데, 이것이 풍년기근이다. 따라서 정부가 필연적으로 시장에 개입해서 남는 곡식을 비축해야 한다는 것이다. 이 내용은 국가도 큰 장사꾼임을 의미하지만, 이는 어디까지나 민생 안정을 위한 장사임을 전제로 하고 있다. 그러나 부수적으로 국가 재정을 튼실하게 하는 정책이다.

관중은 그 어떤 경제 정책보다 물가 조절 정책을 중요시했다. 「국축」편에 의하면, 관중은 "나라를 다스릴 때 물가 조절에 통달하지 못

---

87 관중, 앞 책, 『관자』, p. 849.

하면 경제 정책으로 백성을 보호할 수 없다."[88]고 인식하고 있었다. 관중은 「규탁(揆度)」[89]편에서 물가 조절을 논한 다음, 현전하는 「경중(輕重)」[90] 다섯 편에서 모두 물가 조절의 구체적인 사례를 제시하고 있다. 이에 더해 시장을 통해 물가를 조절함으로써 부유한 상인과 세력가들이 독점하지 못하도록 하는 대책을 논했다. 이에 대한 관중의 구체적인 인식을 보자.

> 물가가 움직이면 그에 상응하는 조치를 취해야 합니다. 때문에 독점이 예상되면 군주가 먼저 조치를 취해 부유한 상인과 세력가들이 쌓아두지 못하게 합니다. 군주가 유통을 조절할 수 있으면 부유한 상인들이 높은 이윤을 얻지 못합니다. 그러므로 사방의 높고 낮은 물가를 통제해 나라에 이익을 독점하는 상인이 없고, 비싸고 싼 것이 서로 적당해집니다. 이것을 국형(國衡, 경제 평준화 정책)이라고 합니다.[91]

여기서 말하는 물가 조절 방법 중에서 현대 경제에서 사용된 적이 있는 직접적인 가격통제는 물론 없다. 국가가 물자의 충분한 재고를 확보해서 비쌀 때 방출하고 쌀 때 사들여 시장 수급을 조절하자는 것이 관중의 생각이다. 이런 정책이 성공하기 위해서는 반드시 정확한

---

88 『관자』 「국축」. "凡將爲國 不通於輕重 不可爲籠以守民."
89 규탁은 '헤아림'을 의미한다. 경제 현상의 흐름을 정확하게 헤아려서 알맞게 조절하는 계책을 뜻한다(관중, 앞 책, 『관자』, p. 914).
90 '경중'은 나라 정책의 가볍고 중한 것을 구별한다는 의미다.
91 관중, 앞 책, 『관자』, p. 920.

통계가 뒷받침되어야 한다. 재화 운용 정책을 논한 「산지수(山至數)」[92] 편에서 관중은 정확한 통계를 항상 준비하는 것이 나라를 다스리는 기본이라고 강조했다.

> 군주가 내부 경제의 통계를 잃으면 군대에 대오가 없는 것과 같습니다. 백성의 경제를 통제하지 못하면 통치의 기반을 잃는 것입니다. 그러므로 한 현의 통계를 조사해서 대부의 경제를 통제하고, 한 향의 통계를 조사해서 한 현의 경제를 통제하고, 한 가정의 통계를 조사해서 한 향의 경제를 통제합니다.[93]

이어 구체적인 통계로서 현, 향, 가구의 논밭이 얼마나 되는지를 정확히 파악하고 이에 상응하는 적정한 화폐 유통량을 유지할 것을 제시했다.

관중은 자유무역을 옹호했다. 물론 여기에는 단순히 경제적 이익을 추구하는 측면뿐만 아니라 나라를 부강하게 하는 방안 중에서 가장 중요한 인구를 늘리는 방편으로서의 측면도 있었던 것이 사실이다. 『국어』에 의하면, 세관을 통과하는 물자를 검사하기만 하고 세금을 물리지 않자 이웃 나라들로부터 제나라로 많은 인구가 유입되었다. 그러나 관중이 세금을 전혀 부과하지 않는 완전한 자유무역을 실행하지는 않았다. 군주를 보좌하는 방법을 논한 『관자』 「대광(大匡)」

---

92   산(山)은 재화가 산출되는 곳을 의미하고, 지수(至數)는 좋은 정책을 뜻한다.
93   관중, 앞 책, 『관자』, p. 892.

편에는 환공 19년(서기전 668)에 관문과 시장 세금을 완화해 1/50을 걷었다고 되어 있어 관세가 아주 낮았던 것은 확실하다. 이런 사실에 비추어 볼 때 관중은 자유무역주의자다.

이상의 경제 정책들은 거시경제 정책인데, 관중은 현대 경제학자들에 조금도 뒤지지 않는다. 그는 오늘날 경제원론에서 가르치는 현대 경제학 이론을 서기전 7세기에 꿰뚫고 있었을 뿐만 아니라 실제 이론들을 정책에 반영해서 환공을 춘추시대 첫 번째 패자로 만들었던 것이다.

관중은
따뜻한 경제학자다

관중은 탁월한 거시경제학자였을 뿐만 아니라 오늘날 자본주의의 여러 모순을 예상하고 적절한 대책을 강구한 따뜻한 경제학자였다. 먼저 복지 정책 방향과 원칙을 논한 『관자』「입국(立國)」편에 의하면, 관중은 제나라의 재상이 되자마자 아홉 가지 구민 정책을 다섯 번 시행했다. 그 내용을 요약하면 표16과 같다.

관중은 복지 정책의 대상을 아홉 가지로 나누고 각각 담당 관리를 두어 시행했다. 진곤과 접절 담당 관리 명칭은 전해지지 않는다. 관중의 복지 정책 중 고아들을 구휼하는 정책의 구체적인 내용은 다음과 같다.

백성이 죽은 뒤 그 자식이 어려서 혼자 살아갈 수 없는 경우에는 그들을 향당에 소속시켜 아는 사람이나 친구에게 부양을 부탁한다. 고아 한 명을 기르는 사람에게는 아들 한 명의 수자리를 면제하고, 고아 두 명을 기르는 사람에게는 아들 두 명의 수자리를 면제하며, 고아 세 명을 기르는 사람에게는 집안 전체 수자리를 면제한다. 담당 관리인 장고는 고아가 있는 곳을 자주 찾아가서 위문하고, 반드시 그가 먹고 마시는 것, 굶주리는지 추운지, 또는 몸에 병이 있는지를 자세히 살피고 돌본다.[94]

표16 관중의 복지 정책

정책	내용	담당 관리
1. 노노(老老)	노인을 어른으로 모시는 일	장노(掌老)
2. 자유(慈幼)	어린이를 사랑하는 일	장유(掌幼)
3. 휼고(恤孤)	고아를 구휼하는 일	장고(掌孤)
4. 양질(養疾)	장애자를 돌보는 일	장양질(掌養疾)
5. 합독(合獨)	홀로된 사람을 결혼시키는 일	장매(掌媒)
6. 문질(問疾)	병든 사람을 위문하는 일	장병(掌病)
7. 통궁(通窮)	곤궁한 사람을 살피는 일	장궁(掌窮)
8. 진곤(振困)	흉년에 고용살이하는 사람을 보살피는 일	–
9. 접절(接絕)	국가 유공자에 대한 보훈	–

---

94 위 책, p. 671.

고아를 양육하는 대가로 아들 병역이 면제되니 이 정책은 효과를 거둘 수밖에 없었을 것이다. 게다가 고아가 잘 양육되고 있는지 담당 관리가 현장을 자주 점검하니 정책 실효성이 담보되었을 것이다. 오늘날 우리 사회에서 이런 정책을 실시할 수는 없는 것인가? 고대 국가에서는 백성 숫자가 국부의 원천이었기 때문에 서기전 7세기에 이런 정책을 시행할 수 있었던 것이라고 할 수도 있지만, 우리가 상상할 수 없는 복지 정책임은 사실이다. 어린이를 사랑하는 일인 자유의 구체적인 정책 수단은 다음과 같다.

> 자녀가 있는 백성이 그 자식이 어리고 나약한데도 기르는 데 힘이 부치면, 세 아이가 있는 사람에게는 부인의 세금을 면제하고, 네 아이가 있는 사람에게는 집안 전체 세금을 면제하며, 다섯 아이가 있는 사람에게는 보모를 붙여주고 두 사람 분 음식을 주며, 다 자라면 이를 멈춘다.[95]

자녀 소득공제, 교육비 소득공제, 의료비 지원 등으로 되어 있는 오늘날 우리나라의 출산 장려 정책과 비교하면 관중의 정책이 훨씬 효율적이다. 복지 정책은 발상 전환이 있어야 소기의 효과를 거둘 수 있다는 사실을 2,700년 전 관중이 분명하게 보여주고 있다.

관중은 오늘날 자본주의 경제의 화두가 된 상생경영을 실현하는 정책도 실시했다. 대기업과 중소기업 간 업종을 정해주고 대기업이 침범하지 못하도록 하는 정책을 멋지게 실행했다. 환공이 북쪽 마을에

---

95 위와 같음.

서 남자는 짚신을 만들고 여자는 실을 뽑고 채소를 가꾸어 겨우 입에 풀칠하고 있는데 이를 구제할 방법은 없는지 관중에게 물었다. 관중은 다음과 같이 대답했다. 상생경영을 실천한 예다.

> 곡물 1백 종(5천 리터) 수확이 있는 자는 짚신을 만들어서는 안 된다, 1천 종 수확이 있는 집은 채소를 가꾸어서는 안 된다, 고을에서 3백 보 이내에 사는 사람은 채소를 심어서는 안 된다는 금령을 내려주십시오. 이렇게 하면 빈 땅을 빈민에게 줄 수 있어서 북쪽 주민은 짚신을 만들어 돈을 벌 수 있고, 채소의 이익은 10배가 될 것입니다.[96]

관중은 균등한 분배가 얼마나 중요한지 잘 알고 있었다. 고른 분배가 중요한 이유로 「치미」편에서 "너무 부자면 부리기가 어렵고 너무 가난하면 부끄러움을 모르기"[97] 때문이라고 지적했다. 법을 고르게 시행하기 위해서는 백성들이 먹고살 만해야 하고, 지나친 부자는 특권층이 될 가능성이 크기 때문에 경계해야 한다는 정치적 논지에서 균등한 분배가 중요함을 인식했다. 국가를 원활하게 통치하기 위해서는 부의 공평한 분배가 우선이라는 것이다. 오늘날 자본주의 경제에서도 양극화는 극복해야 하는 최우선 과제다. 양극화가 심화되면 자본주의의 전제인 사전적 기회균등이라는 사회적 역동성이 약화되어 희망이 없는 사회가 되고, 그 정도가 임계점을 넘으면 체제 위기가 초래되

96　송희식, 앞 책, 『인류의 정신사』, p. 55.
97　『관자』 「치미」. "甚富不可使 甚貧不知恥."

는 역사의 경험을 관중은 서기전 7세기에 이미 알고 있었다.

관중은 가난한 농민의 부채를 탕감해주는 정책을 실시했다.「경중」편에 의하면, 환공이 고리채에 시달리는 백성들을 어떻게 구제할 수 있느냐고 묻자 관중은 신하들을 각 지역에 파견해 현황을 파악한 다음 해결책을 제시했다. 먼저 영척(寧戚), 포숙, 빈서무(賓胥無), 습붕(隰朋)을 동서남북 각 지역에 파견했다. 이들이 출장에서 돌아와 파악한 결과를 합계해보니 고리대금업자가 빌려준 돈이 3,000만 전, 빌려준 양식이 3,000만 종, 여기에 시달리는 백성이 3,000여 가구에 달했다. 관중은 환공에게 그 대책을 제시했다.

> 청컨대 명령하여 헌상품을 거지란고라는 아름다운 비단으로 한정하면 반드시 그 가격이 열 배로 오를 것입니다. 군주의 창고에 있는 비단도 또한 가만히 앉아서 열 배로 오를 것입니다. 청컨대 명령하여 고리대금업자들을 불러 군주께서 주연을 베푸십시오.[98]

주연을 베풀고 그 취지를 설명하자 고리대금업자들은 스스로 빚을 탕감하겠다고 나섰다. 그러나 이들의 제안을 물리치고 정부가 비축해둔 비단 3,000필을 팔아 그 돈으로 백성들이 고생하던 고리채를 정리했다. 그러나 정부로서는 아무 손해가 없었다. 거지란고 비단 값이 올라 높은 가격에 팔 수 있었으므로 정책 시행 전 국고와 비교해서 고리채 정리 후 국고가 줄어들지 않았기 때문이다. 이 정책은 대표적인 관

---

98 관중, 앞 책,『관자』, p. 992.

중의 따뜻한 정책일 뿐만 아니라 간접적인 수단에 의해 정책 목표를 달성한 대표적인 사례다. 관중이 실행한 정책은 대부분 간접적인 정책이다. 직접규제보다는 간접적인 정책을 통해 정책 효과를 달성했다. 이는 현대 국가에서도 반드시 본받아야 할 자세다. 직접규제는 대부분의 경우 정책 수용성이 낮고, 간접적인 정책들은 부지불식간에 정책 목표를 달성하기 때문이다.

간접적인 정책이면서 당시 천자국이던 주나라 재정을 튼튼하게 한 청모(靑茅) 사례를 보자. 청모는 '푸른 띠풀'이다. 이 시기는 춘추시대로, 이미 천자 나라인 주나라는 약화되어 있어서 제후들로부터 마음대로 세금을 거둘 수 있는 형편이 아니었다. 주나라의 재정을 확보하고자 관중은 「경중」편에서 이렇게 진언했다.

장강과 회수 사이에 어떤 한 띠풀이 뿌리가 세 갈래로 갈라져 뿌리 끝부분까지 바로 이어지는데, 이를 청모라고 합니다. 청컨대 천자의 관리에게 그 둘레를 봉금하고 지키게 하십시오. 천자는 태산에서 하늘에 제사를 지내고 양보산에서 땅에 제사를 지냅니다. 천하의 제후들에게 호령을 반포하여 천자를 따라서 태산과 양보산의 제사에 참가하는 사람은 반드시 청모 한 묶음을 가지고 와서 제단에 깔도록 하고, 이 명령을 따르지 않는 사람은 천자를 따를 수 없다고 하십시오.[99]

이어 이 정책에 대한 효과가 기술되어 있다.

---

99   위 책, p. 989.

천하의 제후들이 황금을 들고 앞을 다투어 청모를 사려고 달려왔다. 장
강과 회수의 청모는 가만히 앉아서 값이 열 배로 올라 한 묶음에 1백 금
이 되었다. 그러므로 천자는 3일 동안 조정에 편히 앉아 있어도 천하의
금이 사방에서 흘러 주나라로 들어오는 것이 물이 아래로 흐르는 것과
같았다. 그러므로 주나라 천자는 7년 동안 제후의 헌물을 받지 않아도
넉넉했으니, 이것이 푸른 띠풀의 계책이다.[100]

물론 이 정책은 당시 관중이 재상이던 제나라가 춘추의 패자여서 각
제후들이 제나라의 방침을 따를 수밖에 없는 상황이었기에 가능했다.
이 정책을 현대 경제학으로 해석하면 관중이 유효수요를 창출한 것이
다. 청모가 실제로 어느 정도 가치가 있는 식물인지는 알 수 없으나, 청
모 수요를 창출하고 공급을 한정시켜 주나라 재정에 막대한 도움을
준 정책이다. 서기전 7세기에 유효수요를 창출한 관중은 현대 경제학
자로서 손색이 없다.

관중이 살았던 시기 경제와 오늘날 경제를 비교해보면 당시는 금속
화폐 내지 상품화폐 시대였고, 기계에 의한 대량생산이 없었다. 그러나
지금까지 살펴본 관중 경제학의 사익 추구, 분업론, 시장의 역할은 애
덤 스미스의 『국부론』과 별로 차이가 없다. 통계에 의한 경제 정책, 자
유무역, 물가 조절, 재정 정책 등도 오늘날의 거시경제 정책들과 다를
바 없다. 상생경영, 복지 정책, 부의 분배, 특정 상품에 대한 유효수요
창출 등은 오히려 관중의 경제학을 '따뜻한 경제학'으로 불러도 좋을

---

100 위와 같음.

만큼 현대 경제학의 문제점들을 극복하고 있다고 할 수 있을 것이다.

관중의 사상이 집대성된 『관자』가 언제 우리나라에 전해졌는지는 확실하지 않다. 그러나 중국의 역사서 『북사(北史)』 「백제전(百濟傳)」에 "그 나라에는 경(經), 사(史), 자(子), 집(集)이 있다."고 되어 있다. 경은 유학의 경전이고, 사는 역사책이며, 자는 제자백가서를 의미하고, 집은 개인 문집이다. 『관자』는 제자백가서 중 중요한 책이다. 『관자』는 백제시대에 우리나라에 전해져 있었다고 볼 수 있다.

관중의 경제학을 보면 비록 고대였지만 사람들 세상 사는 이치는 현대와 별 차이가 없었음을 알 수 있다. 그러므로 우리 역사에서 관중과 같은 경제적 사고를 한 사람이 『관자』가 전래되기 이전에 없었다고는 할 수 없지만, 최소한 『관자』가 전래된 이후에는 관중의 사상에 공감하는 사람들이 있었을 것은 분명하다. 따라서 오늘날 대한민국의 경제학이 서구에서 전래된 것은 사실이지만 그 내용은 사실상 관중의 사상에서 크게 벗어나지 않기 때문에 서구에서 밀려온 자본주의가 생소한 사상이었다고는 할 수 없다. 특히 조선 선비들이 경, 사, 자, 집 순으로 공부했기 때문에 조선의 지식인들에게는 관중의 사상이 익숙했을 수도 있다.

제7장

조선 후기 실학의 합리주의적 사고

시대의 모순을 해결하려는 새로운 학문이 실학이다. 고려 말 불교를 배척한 성리학도 실학이었고, 조광조(趙光祖)가 실천하려 했던 도학(道學)도 실학이었다.[101] 사회를 혁신하고자 하는 학문이 실학이라는 의미다. 조선 중기 이후 성리학이 교조주의로 변질되고 노론 일당독재에 들어서면서 사회적 모순이 누적되자 필연적으로 이를 극복하고자 하는 새로운 학문이 대두하게 되었다. 이것이 조선 후기 실학이다. 조선 후기 실학자들이 꿈꾼 세상에 지금 우리가 살고 있다고 해도 과언이 아닐 것이다.

성리학은 사대부들의
정치 이론이다

조선은 성리학과 사대부(士大夫)[102]의 나라였다. 성리학은 유학의 한 분
파다. 공자·맹자 유학이 원시유학이고, 한나라·당나라 시대 유학이
고대유학이다. 남송(南宋)의 주희(朱熹, 1130~1200)가 집대성한 유학이 성
리학이다. 주희를 높여서 주자라고 부르기 때문에 성리학을 주자학이
라고도 한다. 이 성리학이 중세유학이다.

　성리학은 이해하기 매우 어려운 철학이다. 주희가 주창한 이기론(理
氣論)이 성리학의 핵심이다. 이(理)는 만물을 생성하는 형이상(形而上) 원
리이고, 기(氣)는 만물을 만들어내는 구체적인 질료로서 형이하(形而下)
존재라는 주장이 이기론이다. 결과적으로 이를 기보다 앞에 세우는
철학이라고 할 수 있다. 이기론은 관념적이어서 보통 사람들이 이해
하기 어렵지만, 이를 현실 정치에 대입하면 강한 명분론이 되기 때문에
이해하기 어렵지 않다.[103]

101　이우성, 『한국의 역사상』, 창작과비평사, 1982.
102　사대부는 독서인인 동시에 정치에 종사하는 사람이다. 사(士)는 정치하는 대부가 될 수
　　　있었으며, 따라서 독서하는 사에게는 일반적으로 사대부라는 명칭이 부여되고 있었다(위
　　　책, p. 15).
103　이덕일, 『정도전과 그의 시대』, 옥당, 2014의 제1장과 제5장 참조.

성리학은 강한 정치 지향성을 지닌 철학인데, 모든 철학이 그러하 듯이 당시 시대 상황을 배경으로 하고 있다. 조광윤(趙匡胤, 927~976)이 건국한 중국 한족 왕조인 송(宋)나라는 1127년 여진족이 세운 금(金)나라에 의해 수도 카이펑(開封)이 함락되었다. 이때 송나라 황제 휘종(徽宗, 재위 1100~1125)과 흠종(欽宗, 재위 1125~1127)을 포함한 3,000여 명이 금나라의 포로가 되었는데, 이를 '정강의 변(靖康之變)'이라 한다.[104] 정강은 흠종의 연호다. 이로써 송나라는 망했는데, 이때까지의 송나라가 북송(北宋)이다. 흠종의 아우 조구(趙構)가 양쯔강(揚子江) 이남으로 도망쳐 송나라를 재건했는데, 이 나라가 남송이다.

당시 북송의 지배층이 이른바 형세호(形勢戶)로서 귀족, 관료, 토호 등이었는데, 이들은 모두 대토지 소유자였다. 이들 소수의 형세호가 정치와 경제 권력을 독점한 것이 송나라가 금나라에 망한 중요한 요인 중 하나였다. 양극화가 심화되어 임계점에 이르면 사회가 망할 수밖에 없다는 것을 보여주는 대표적인 사례가 송나라라고 할 수 있다. 밭농사를 주로 하는 북송과는 달리 남송에서는 논농사를 주로 했기 때문에 중소 지주가 존립할 수 있는 환경이어서 이들은 일정 정도의 경제적 여유를 가질 수 있었고, 동시에 과거에 급제한 사대부로서 정치적 입지를 확보할 수 있었다. 대토지 소유자인 형세호에 맞서 중소 지주인 사대부가 남송 정치에서 권력 투쟁에 승리하기 위한 논리로서 확립된 정치 철학이 성리학이라고 볼 수 있다. 이른바 명분론이다. 이

---

104 금나라에 포로가 된 북송의 황제 휘종과 흠종은 만주로 끌려와 금나라의 오국성에 연금되어 일생을 마쳤다. 오국성은 고구려 수도였던 국내성이다. 오국성은 현재 압록강을 사이에 두고 북한 만포진과 마주하고 있는 중국 지안(集安)시다.

기론의 입장에서 보면 중소 지주인 사대부는 이(理)이고, 대토지 소유자인 형세호는 기(氣)가 된다. 이인 사대부가 정치를 주도해야 하는 이상을 실천하기 위해서는 기인 형세호를 도태시켜야 하는 정치 철학이 이기론인 것이다. 이 명분론을 당시 국제 관계에 적용하면 남송은 이이고 금나라는 기이다. 이가 우선하는 사회가 이상사회인데 기인 금나라가 중원을 점령하고 있으니 금나라를 멸망시켜야 한다는 논리가 성립하게 된다.

이와 기의 관점에서 볼 때 고려 말 사대부들은 중소 지주로서 이이고, 대토지 소유자인 권문세족들은 기이다. 따라서 사대부들은 권문세족을 도태시키고 자신들이 정치 주도권을 장악하는 이상사회를 뒷받침하는 논리인 성리학을 쉽게 수용했던 것이다. 이 논리에 의거해 사대부들이 중심이 되어 조선왕조를 개창했다.

중세유학인 성리학은 공자의 원시유학과는 달리 사농공상 사민으로 정해진 신분제는 하늘이 정한 것으로, 사는 지배층이며 이는 누구도 바꿀 수 없는 진리라고 인식했다. 공자와 맹자는 계급을 인정하지 않고, 인간을 군자와 소인으로 구분했을 뿐이다. 주희가 원시유학과는 달리 신분제를 고착시키고, 백성을 사대부들이 새롭게 교화해야 하는 대상, 즉 신민(新民)의 대상으로 규정했다. 이는 백성을 군주가 친해야 하는 대상, 즉 친민(親民)으로 본 공·맹의 정신과 배치되는 것이다. 친민은 사대부와 일반 백성을 동일 선상에 놓고 바라보는 관점이다. 사대부가 백성을 다스려야 한다는 정치 이론인 중세 성리학이 주장하는 신분제와 정면으로 배치되는 것이다.

주희는 성리학을 사대부 이상 계급만 공부할 수 있는 학문으로 만들었다. 먼저 이치를 깨우치고 난 다음에 행동해야 한다는 선지후행(先知後行)을 주장한다. 이에 대해서는 많은 논란이 있었다. 효도를 예로 들면, 효도의 이치를 알고 난 다음에 부모에게 효도한다는 것이 선지후행인데, 맞는 이론 체계는 아닐 것이다. 선지 방법론이 사물의 이치를 궁극적으로 연구해서 깨우친다는 격물치지(格物致知)다. 격물치지에는 당연히 많은 시간이 소요되므로 아무나 할 수 있는 것이 아니며, 경제적인 뒷받침도 필요하기 때문에 결국 사대부들만이 공부할 수 있는 학문이 성리학인 것이다. 성리학은 사대부들 독점 학문이며, 그 실체는 사대부 지배론이라고 할 수 있을 것이다.

사대부들의 학문 독점에 의한 정치 이론이 성리학이고, 조선은 성리학이 국시(國是)였기 때문에 사대부의 나라였다. 대략 선조(재위 1567~1608) 때까지는 사대부 내부 경쟁인 과거시험이 비교적 공정하게 시행되어 사대부들은 능력대로 관직에 진출할 수 있었기 때문에 성리학이 하나의 체제로서 기능을 발휘할 수 있었다. 그러나 사대부 수가 늘어나고 관직은 한정되어 있어서 경쟁이 치열해지고 과거제도가 문란해지자 사대부들은 그 지위를 유지하기 위해 정치적 투쟁과 분열이 불가피해졌다. 계속해서 승리한 사대부는 벌열(閥閱)이 되어 특권을 가진 세습적 지배층이 되고, 패배한 자는 몰락한 사대부로 남았다.[105] 광해군 15년(1623) 4월 인조반정으로 서인이 정권을 잡으면서 이러한 현상이 고착되기 시작했다. 사대부 간 정치 투쟁은 계속되었고, 이 과정에서 주류 정파인 서인은 노론과 소론으로 분열되고, 1800년 정조 사

---

105 이우성, 앞 책, 『한국의 역사상』, pp. 16~17.

후 조선은 사대부인 노론의 일당독재에 들어갔다. 이어 조선은 몇몇 사대부 가문 사익 추구의 장이 되었다.

임진왜란과 병자호란을 겪으면서 조선은 성리학 체제가 더 이상 작동하기 어려운 실정이었다. 정치권력과 경제를 소수 사대부가 독점한 성리학 신분제 아래에서는 전쟁을 효율적으로 수행해 국난을 극복할 수 없었다. 사대부 지배의 핵심인 신분제가 무너지고 있었다. 동시에 지배층인 사대부의 특권도 무너질 수밖에 없는 상황이었다. 특히 사대부, 천인, 노비 등은 병역 의무가 없고 오직 양인만이 병역 의무를 진 조선에서 임진왜란에서 승리하기 위해서는 이들 모두를 군인으로 뽑아 전력을 강화할 수밖에 없었다. 유성룡(柳成龍, 1542~1607)의 주장으로 면천법(免賤法)이 실시된 것이 그 예다. 노비와 천인들도 신분 차별이 없는 속오군(束伍軍)에 소속되어 공을 세우면 면천되거나 벼슬길에 나갈 수 있었다. 이 조치는 임진왜란에서 큰 도움이 되었지만, 사대부들은 격렬하게 저항했다. 노비는 사대부들의 사유재산이었기 때문이다. 사대부들은 국가 안위보다는 자신들의 기득권인 신분제 유지에 몰두한 것이다.

조선 후기 실학은 근대화 이론이다

광해군(재위 1608~1623)을 몰아내고 인조(재위 1623~1649)를 왕위에 올린 1623년 인조반정 후 정권을 잡은 서인들은 몇 차례 정치적 격변을 지나면서 노론과 소론으로 분화되고, 영조(재위 1724~1776) 시기에는 확고한 집권 세력이 되었다. 유성룡이 은퇴하고 임진왜란이 끝나자 사대부들은 신분제를 완화한 면천법을 폐기했다. 동시에 대표적인 개혁이었던 질미법(作米法)도 무력화했다. 질미법은 광해군 즉위년인 1608년에 대동법으로 부활한다. 대동법은 모든 가구가 지방 특산물을 세금으로 납부하던 것을 농지 보유 규모에 따라 쌀로 납부하도록 한 제도다. 대동법은 점차 실시 지역이 확대되어 숙종 34년(1708), 100년 만에 전국적으로 실시되었다.

임진왜란이 끝나고 보수 반동 정치가 시작된 것이다. 인류 역사에서 보수 반동 정치가 잠시는 몰라도 영원히 성공한 예는 없다. 면천법과 대동법으로 상징되는 개혁은 주자학적 사고에서는 나올 수 없는 조치다. 사대부의 특권인 신분제를 손보지 않고는 불가능한 개혁이기 때문이다. 여기에는 양명학(陽明學)의 영향이 있었음을 부정할 수 없다.[106]

왕양명(王陽明, 1472~1529)은 주자학을 비판하고 양명학을 창시했다. 양명학에서 인간은 누구나 태어날 때부터 지니고 있는 아는 능력인 선험적인 도덕의식 내지 시비를 분별하는 능력이 있는데, 이것이 양지(良知)다. 왕양명은 학문하는 방법으로서 주자학이 주창하는 격물치지보다는 개인의 이기적·물질적 욕구를 극복하고 양지를 구현하는 치양지(致良知)를 주장했다. 양지를 인정하면 자연스럽게 선지후행보다는 앎과 행함이 하나라는 지행합일(知行合一)에 이르게 된다. 성리학과

---

106 이덕일, 『난세의 혁신 리더 유성룡』, 역사의아침, 2012 참조.

양명학의 또 다른 큰 차이는 성리학이 신분제를 하늘이 정해준 진리로 주장하는 데 비해 양명학은 만인이 평등한 것으로 본다는 것이다. 뿐만 아니라 왕양명은 사람의 직업은 타고난 신분이 아닌 능력에 의해 결정되기 때문에 정치도 사대부 계급만이 아니라 백성 중에서 능력 있는 사람이라면 누구나 할 수 있다고 주장했다.

왕양명.

　요약하면, 신분제를 타파하고 개인의 자유의지에 따라 직업을 선택하도록 하는 것이 최선이라는 이론이 양명학이라고 할 수 있다. 양명학의 기본 이론은 서양의 근대화 이론과 다를 바 없다. 신분제의 굴레에서 해방되어 자유의지로 이윤을 추구할 수 있는 것은 자본주의 경제의 전제다. 중국에서 양명학은 주자학과 함께 중세 유학으로 대접받았다. 그러나 조선에서는 사문난적(斯文亂賊)으로 금기였다. 무엇보다도 사대부의 특권인 신분제를 부정했기 때문이다. 그런데도 양명학의 학맥은 조선에서 면면히 이어졌다. 하곡(霞谷) 정제두(鄭齊斗, 1649~1736)는 스스로 양명학자임을 밝히고 숙종 35년(1709) 강화도 하곡으로 이주했다. 정제두의 후학들이 강화학파다. 1910년 일제에 나라를 빼앗기자 제일 먼저 만주로 망명해 독립운동에 나선 사람들이 양명학을 공부한 사람들이었다.[107] 따라서 주류는 아니었지만, 양명학의 전통이 조선 말기까지 이어졌다. 이렇게 볼 때 근대화와 자본주의 정신은 생소한 외래 사상이 아니었다.

그러나 조선에서 양명학은 금기였다. 양명학이 금기였을 뿐만 아니라 최종적으로 정권을 장악한 노론 당파는 주희 신격화를 통해 기득권을 강화해나갔다. 송시열(宋時烈, 1607~1689)을 중심으로 한 노론 정파는 주희와 다르게 경전을 해석했다는 이유로 윤휴(尹鑴, 1617~1680)를 사형시켰다. 윤휴는 당시 양반들에게도 군포를 걷자는 호포제(戶布制)와 북벌을 주장한 개혁 정치가였지만, 유학 경전인『대학(大學)』과『중용(中庸)』을 주희와 다르게 해석했다고 사문난적으로 몰린 것이다. 윤휴가 사형당하자 조선에는 더 이상 주희 성리학에 공개적으로 이의를 제기하는 사람이 없어졌다. 성리학은 독단(dogma)이 되었고, 학문은 오로지 주희의 경전 주석을 외우는 것에 그치게 되었다. 조선은 침묵의 나라가 되었다. 거기다 노론 일파는『주자가례(朱子家禮)』에 근거한 예학(禮學)을 확립해 백성들의 삶을 구속했다.

개혁 군주인 정조 재위 기간(1776~1800)에는 노론 일당독재가 억제되었지만, 정조 사후에는 세도정치라고 하는 노론 몇몇 가문의 독재로 이어졌다. 나라가 소수 벌열들의 사익 추구의 장이 되고, 백성들의 삶은 더욱 곤궁해졌다. 이러한 과정에서 서울과 경기 지역의 몰락한 사대부들을 중심으로 새로운 개혁사상이 주창되었는데, 이것이 조선 후기 실학이다. 시대 상황에 대해 양심적인 사대부들이 표출한 비판의식

---

107 이덕일, 「동양 고전과 현대 아나키즘」, 김성국 외, 『지금, 여기의 아나키스트』, 이학사, 2013 참조.

의 결과물이 실학이다. 특히 실학은 신분제 해체에 대한 자각에서 출발한 것이다.[108]

조선 후기 봉건사회 해체기에 역사의 방향은 근대정신으로 나아가는 것이었다. 실학이라는 신학풍 개창자들은 역사적 제약 때문에 근대라는 시대 개념을 창조해내지는 못했다. 그러나 당시 봉건사회의 말기적 징후 속에 실학자들이 지향한 새로운 차원은 바로 근대로 통하는 길이었다. 실학자들의 학문적 명제는 근대화 과정에 필수적인 토지제도, 상공업, 생산 기술 개혁과 향상, 사상과 생활 등에 실용과 실증적 정신을 구현하는 것이 포함되어 있었다. 따라서 조선 후기 실학은 근대화 이론이었다.

실학은 일반적으로 세 유파로 구분된다. 첫째는 성호(星湖) 이익(李瀷, 1681~1763)으로부터 시작하는 경세치용파(經世致用派)다. 이들은 토지제도와 행정기구 등 제도상 개혁을 주창했다. 사대부 수탈과 고리대 자본 발호로 당시 몰락해가던 대다수 소농민을 보호하는 토지제도 개혁에 주안점을 두었다. 이익 자신이 경기도 안산에서 농사짓는 학자로 살고 있어서 농민들의 어려움을 잘 알고 있었다.

둘째는 연암(燕巖) 박지원(朴趾源, 1737~1805)을 중심으로 한 이용후생파(利用厚生派)다. 이 학파는 상공업 발전이 절실함을 인식해 유통망 확대와 조직화, 생산 기술 혁신을 주창했다. 거상인 육의전 상인과 개성상인과 같은 도고상인(都賈商人)의 독점적 이익에 반대하고, 소상인과 소생산자의 자유로운 경제 활동이 보장되어야 한다고 주장했다. 이 학

---

108 이우성, 앞 책, 『한국의 역사상』.

파는 자신들과 생활 근거지가 같은 도시 서민들의 관점에서 실학을 전개했다고 볼 수 있다. 경세치용파와 이용후생파는 각각 농민과 소상공업자 관점에서 세상을 바라보았지만, 그 근본은 평등을 요구하는 민중의 관점이었다.

셋째는 추사(秋史) 김정희(金正喜, 1786~1856)를 중심으로 하는 실사구시파(實事求是派)다. 이 학파는 실학의 사상성과 사회 개혁의 열정을 겉으로 드러내지는 않았지만, 선행 실학자들의 실증적 연구 방법을 계승하면서 민족문화에 천착해 주체적으로 인식했다. 구체적으로 금석(金石)과 전고(典故) 등에 격조 높은 학문성을 보여주었다. 이들은 학문 그 자체를 목적으로 했다. 이들은 중인 출신 인재들과 교류했고, 이들 중인들이 후일 개화운동에 참여함으로써 개화사상과 실학사상을 연결하는 데 큰 역할을 담당했다.[109]

다산 경학은 근대정신의 구현이다

다산 정약용은 경세치용과 이용후생 실학을 종합하고 발전시켜 집대성했다. 유교 경전을 연구하는 경학(經學)과 관련해 『대학공의(大學公議)』, 『중용강의보(中庸講義補)』, 『맹자요의(孟子要義)』, 『논어고금주(論語古今註)』, 『시경강의(詩經講義)』, 『주역사전(周易四箋)』 등을 지었다. 정약용의

---

109   위 책, pp. 23~24.

「자찬묘지명(自撰墓誌銘)」에 의하면, 6경 (經)인『시경(詩經)』,『서경(書經)』,『예기 (禮記)』,『악기(樂記)』,『역경(易經)』,『춘추 (春秋)』와 4서(書)인『논어(論語)』,『맹자』, 『중용』,『대학』 등과 관련된 저술이 232권에 달한다. 또 국가 경영학인 경 세학(經世學)으로『경세유표(經世遺表)』, 『목민심서』,『흠흠신서(欽欽新書)』를 저 술했다. 이른바 1표(表) 2서(書)다. 다산 은 "6경과 4서로 자기를 수양하고, 1 표와 2서로 천하와 국가를 다스리니

다산 정약용.

원리(本)와 응용(末)을 함께 갖추었다."[110]고 자평했다. 다산은 경학 연 구를 기초로 하여 경세학을 발전시킴으로써 경학과 경세학의 통일된 체계를 완성했다.[111]

먼저 왕조시대 사람인 다산의 왕정에 대한 인식을 보면 혁명적인 사상을 지니고 있었음을 알 수 있다. 다산은 「원목(原牧)」에서 나라를 다스리는 목민관의 연원을 논하고 있다.

옛날에야 백성이 있었을 뿐, 어찌 백성을 다스리는 자가 있었겠는가? 백 성은 자연스럽게 무리를 지어 살았다. 그러나 어떤 사람이 이웃과 다투다

---

110 「자찬묘지명」. "六經四書以之修己 一表二書以之爲天下國家 所以備本末也."
111 장승구, 「다산 경학의 특성과 연구 현황」, 한국철학사연구회, 『다산 경학의 현대적 이해』, 심산, 2004, p. 20.

해결을 보지 못하였는데 그들 중에 참된 말을 잘하는 한 장로가 있어 그에게 가서야 바른 판결을 받았다. 이에 온 마을 사람들이 그에게 모두 복종하여 그를 추대하고 모두 존경하여 이정(里正)이라고 일컬었다. …… 이에 몇 주의 어른들이 한 사람을 추대하여 어른으로 모시고 국군(國君)이라 불렀고, 몇 나라의 임금들이 한 사람을 추대하여 어른으로 모시고 방백(方伯)이라 불렀으며, 사방의 방백들이 한 사람을 추대하여 우두머리로 삼고 황왕(皇王)이라고 불렀다. 황왕의 근원은 이정에서 시작한 것이다. 따라서 목민자는 백성을 위하여 있었던 것임을 알 수 있다.[112]

황제까지도 백성들의 추대에서 기원한 것이며, 다스리는 사람은 백성들 간의 분쟁과 갈등을 조정하는 일이 임무이기 때문에 백성을 위해 임금이 존재한다는 인식을 보여준 것이다. 추대 방식에 관한 구체적 논의는 없으나, 왕이 하늘로부터 통치 권력을 받았다는 왕조시대의 일반적인 인식과 비교하면 근대적 사고의 표현이라고 할 수 있다. 나아가 다산은 추대된 통치자가 제대로 일을 하지 못할 경우에는 당연히 백성들이 바꿀 수 있다고 「탕론(蕩論)」에서 주장했다.

대개 여러 사람이 추대하여 된 것은 또한 여러 사람이 추대하지 않으면 물러나야 하는 것이다. 그러므로 다섯 가구가 화합하지 못하면 다섯 가구가 의논하여 인장(隣長)을 바꿀 수 있고, …… 구후(九侯) 팔백(八伯)이

112 『여유당전서(與猶堂全書)』 제1집 권10 「원목」. 김인규, 「다산 정약용의 학문관 ― 오학론을 중심으로」, 위 책, 『다산 경학의 현대적 이해』, pp. 363~364.

화합하지 못하면 구후 팔백이 의논하여 천자를 바꿀 수 있다. 구후 팔백이 천자를 바꾸는 것은 다섯 가구가 인장을 바꾸고 25가구에서 이장을 바꾸는 것과 같은 것인데, 누가 즐겨 '신하가 임금을 벌(伐)한다'고 말하겠는가?[113]

다산은 통치자를 의논해 교체한다고 기술하고, 역성혁명이나 무력에 의존하는 방식을 구체적으로 제시하지는 않았다. 그러나 기본적으로 백성이 중심이 되는 체제를 명확하게 지적했다. 이러한 인식은 맹자의 "백성이 가장 귀중하고, 사직이 다음이며, 군주는 가벼운 것이다"는 인식과, "백성은 물과 같아 배를 띄우기도 하고 배를 뒤집어버릴 수도 있다"는 주장과 맥을 같이한다. 바로 백성을 우선하는 민본주의 사상이다. 민본주의 사상은 모든 권력이 국민으로부터 나온다는 주권재민 사상의 근본으로,[114] 민주적 제도의 기초이자 근대성의 구현이다. 따라서 서양의 근대화 사상은 조선 지식인들 사이에서 전혀 생소한 것이 아니었다.

---

113 위 글, p. 364.
114 주권재민 사상의 기본이 되는 서양의 사회계약론은 동양 사상의 영향을 받은 바가 크다. 청나라에 와 있던 서양 선교사들이 사서삼경을 번역해 유럽에 전했다. 조선의 경우에도 정도전은 15세기 초 『조선경국전(朝鮮經國典)』「부세(賦稅)」조에서 "사람의 위에 있는 자는 법으로 다스려서 다투는 자를 평화롭게 하고 싸우는 자를 화합하게 한 연후에야 민생이 편안해진다. 그러나 이는 농사를 지으면서 할 수 없기에 백성은 10분의 1을 내어서 윗사람을 기르는 것이다. 그 수취하는 것이 큰 만큼, 윗사람은 자기를 기르는 백성에 대한 보답도 중한 것이다."라고 썼다. 백성들 위에 군림하는 것을 당연하게 여기던 때에 벼슬아치는 백성들이 기르기 때문에 존재할 수 있다고 주장한 것이다. 이는 사람이 자연 상태에서 벗어나기 위해 계약을 맺고 정부를 세운다는 존 로크(John Locke)의 사회계약설보다 무려 300년이나 빠르다(이덕일, 『왕과 나』, 역사의아침, 2013, p. 123.).

다산의 민본주의 사상은 4서를 성리학의 독단적인 경전 해석에서 벗어나 해석하고, 4민을 구분 없이 인간의 주체적 관점에서 바라본다. 주희의 경전 해석을 극복함으로써 전통적 권위로부터 해방되어 합리성에 의거해 자유롭게 비판하고 주체적으로 수용했다. 다산의 경학에 대해 장승구는 다음과 같이 평가하고 있다.

> 다산은 경전의 새로운 해석을 통해 사회 변화에 대응하는 새로운 세계관을 경학적으로 정초하고자 하였다. 다산은 성리학과는 달리 내면적이고 주관적인 덕의 함양만을 강조하지 않고, 법과 제도라는 시스템의 정비를 매우 중시하였다. 또한 인간의 이기심을 인정하고, 이를 어떻게 합리적으로 활용하고 효과적으로 통제할 수 있을지를 고민하였다. 그리고 내면세계에 침잠하는 명상적 인간이 아니라 활동과 작위를 통해 생산적 가치를 창조하는 적극적이고 활동적인 인간상, 타고난 기질의 맑고 흐림과 관계없는 평등한 인간관을 추구하였다. 그가 유교 경전의 재해석을 통해 고취하고자 하는 새로운 인간상은 대체로 근대적 인간관과 일치하는 측면이 많다.[115]

이처럼 다산은 합리성을 기준으로 유교 경전을 자유롭게 비판했고, 인간의 이기심을 인정했으며, 인간을 평등한 존재로 바라보았다. 다산의 인식은 서양의 근대정신과 다를 바 없다. 그러나 다산 시대에 이와 같은 사고는 여전히 사문난적일 수밖에 없었다. 그래서

---

115 장승구, 앞 글, 「다산 경학의 특성과 연구 현황」, p. 24.

그의 저작들은 당시에 알려지지 않고 고종 20년(1883)에 처음으로 필사본으로 일반에게 반포되었다.

인간을 주체적으로 인식한 다산 경학의 구체적인 예를 몇 가지만 살펴보자. 먼저 학문하는 사람은 벼슬을 탐하지 않고 가난을 부끄럽게 생각하지 않아 선비가 빈천(貧賤, 가난하고 천한 것)에 안주하는 경향이 자연스럽게 받아들여지는 것은 오늘날에도 마찬가지다. 이른바 안빈낙도(安貧樂道)가 선비의 일반적인 윤리 비슷하게 인식된 것은 『논어』 「이인(里仁)」편의 다음 구절에 근거하고 있다.

> 부(富)와 귀(貴)는 사람이 바라는 것이지만 그 도로써 얻은 것이 아니면 처하지 않으며, 가난과 천한 것은 사람이 싫어하는 것이지만 그 도로 얻은 것이 아니라도 버리지 말아야 한다.[116]

이 구절에 대해 주희가 "빈천은 정당한 방법으로 얻은 것이 아닐지라도 버리지 않는 것"으로 해석하면서 안빈낙도는 성리학 체제에서 당연한 것으로 받아들여졌다. 그러나 다산은 빈천도 정당한 방법으로 버릴 수 있다고 해석했다.[117] 가난한 선비가 다른 생업에 종사해 가난에서 벗어나는 것이 잘못이 아니라고 해석한 것이다. 영의정을 지낸 이종성(李宗城, 1692~1759)이 영조 26년(1750)에 올린 상소에 의하면, 양반의 수가 전체 백성의 절반이 넘고, 부유한 지주나 벼슬하는 양반을 제

---

116 이덕일, 『내 인생의 논어, 그 사람 공자』, 옥당, 2012, p. 50. "富與貴 是人之所欲也 不以其道得之 不處也 貧與賤 是人之所惡也 不以其道得之 不去也."
117 『논어고금주』 권2.

외한 대다수 양반이 가난하며, 양반이 수공업이나 상업에 종사하면 상민으로 신분이 떨어지기 때문에 신분을 유지하고자 아무것도 하지 않았다. 가난한 양반의 사정이 심각했다. 아무것도 할 수 없는 가난한 양반의 비율이 높았기 때문에 당시 조선 사회의 진보가 지체될 수밖에 없었다.

선비가 다른 생업에 종사해 가난에서 벗어나는 것이 잘못이 아니라는 다산의 해석은 주희의 해석과 다를 뿐만 아니라, 신분제는 하늘이 정해준 것이라는 성리학과 이를 도그마로 만든 당시 노론의 세계관과도 배치되는 것이다. 양반이 신분제의 굴레에서 벗어나 주체적으로 자신을 인식할 때 비로소 빈천을 버리고 새로운 인생을 개척해나갈 수 있다는 의미다. 다산은 신분제의 타성을 혁파해야 한다고 주장한 것이다.

고등학교 시절 배운 한문 중에 "학이시습지 불역열호(學而時習之 不亦說乎)"가 있다. 『논어』 첫 구절인데, '배우고 때로 익히면 또한 기쁘지 아니한가!'라는 뜻이다. 하지만 배운 것을 수시로 익히면 잊지는 않겠지만 기쁠 것 같지는 않았다. 아마도 지겨울 것이다. 주희는 익힌다는 의미인 습(習)을 배운 바를 마음속에 배어들게 하는 것으로 풀이했다.[118] 그러나 다산은 이 구절을 다르게 풀이했다.

학(學)은 아는 것이요, 습(習)은 행하는 것이다. 배우고 때때로 익힌다는 것은 아는 것과 행하는 것이 함께 나아가는 것이다. 후세의 학문은 익히

---

118 김인규, 앞 글, 「다산 정약용의 학문관 — 오학론을 중심으로」, p. 358.

기만 하고 행하지 않으므로 기쁨이 없다.[119]

　다산이 습(習)을 행하는 것, 즉 실천으로 해석한 것은 인간 삶의 과정에 비추어 볼 때 지극히 보편적이다. 자신이 배운 지식을 현실에서 실천해 소기의 성과를 얻어낸다면 기쁠 수밖에 없다. 특히 시기를 잘 살펴서 적절한 때(時)에 실천해 성공하면 그 기쁨은 이루 말할 수 없이 클 것이다. 고등학교 시절 많은 학생이 품었던 의문이 여기서 해소된다.

　다산은 경학의 수기치인(修己治人)에서 "수기는 자신을 선(善)하게 하는 것이고, 치인은 남을 사랑하는 것이다."라고 갈파했다.[120] 마음속으로 선함을 닦을 수 있지만 이 선함을 남을 사랑하는 것으로 실천해야 수기치인이라는 해석이다. 남을 사랑함으로써 수기치인이 완성된다는 의미다. 수기와 치인은 분리될 수 없고, 실천을 통해 하나가 될 때 의미가 있다는 해석이다.

　이어서 실천 없이 학문하는 태도를 비판했다.

　　옛날에 학문하는 방법은 다섯 가지인데, 넓게 배우고(박학, 博學), 따져 묻고(심문, 審問), 삼가 생각하고(신사, 愼思), 명백하게 분변하고(명변, 明辨), 독실하게 실행하는(독행, 篤行) 것이었다. 오늘날에 학문하는 자는 넓게 배울

119　위 글, p. 359. "學 所以知也 習 所以行也 學而時習者 知行兼進也 後世之學 學而不習 所以無可說也."
120　위 글, p. 355. "修己者 所以善我也 治人者 所以愛人也."

뿐이고, 따져 묻는 것부터는 마음을 쓰지 않는다.[121]

다산의 이 지적은 당시 노론 정파가 도그마로 만들었던 주희 성리학에 대한 통렬한 비판이다. 주희와 달리 경전을 해석했다고 윤휴가 사형당함으로써 조선 성리학이 그저 주희의 경전 주석을 외우는 것에 그치고, 경세에는 아무런 도움이 되지 못하게 된 현실을 우회적으로 비판한 것이다. 나라를 다스리는 경세 측면에서 볼 때 실천이 없는 학문은 학문을 위한 학문일 뿐이다. 신분의 굴레를 벗어난 인간의 주체적인 실천을 중심에 둔 다산 경학은 근대화 이론의 핵심 사상이 될 수밖에 없다.

유교 경전 4서의 하나인 『대학』은 본래 『예기』의 한 편이었지만 주희가 4서의 하나로 편입시켰다. 『대학』은 다음 구절로 시작한다.

> 대학의 도는 밝은 덕을 밝히고, 민을 새롭게 하며, 지극한 선에 이르는 데 있다[大學之道 在明明德 在新民 在止於至善].

이 구절은 『대학』이 지향하는 핵심으로 이른바 3강령이다. 이 구절은 일반인이 이해하기 참 어렵다. 다산은 이 구절도 주희와는 다르게 해석했다. 먼저 밝은 덕인 명덕(明德)을 주희는 사람이 하늘로부터 얻은 것으로 본 반면, 다산은 인륜(人倫)으로 해석했다. 따라서 명명덕(明

---

121 위 글, p. 359. "古之爲學者五 曰博學之 審問之 愼思之 明辨之 篤行之 今之爲學者一
曰博學之而已 自審問以下 非所意也."

明德)은 "인륜을 밝히는 것"으로 해석된다.[122] 이해하기 쉽고 실천적인 해석이다. '백성을 새롭게 한다'는 신민(新民)은 원래 원시유학에서 '백성과 친하게 지낸다'는 친민(親民)으로 되어 있었는데, 성리학에서 신민으로 바꾼 것이다. 백성을 지배층이 새롭게 해야 할 대상으로 본 것이 신민이라면, 백성을 친해야 할 대상으로 본 것이 친민이다. 다산의 이러한 인식은 성리학보다 원시유학의 정신을 중시하는 것이다. 사대부에 의한 지배를 정당화한 성리학에서 평등을 추구한 공자의 유학으로 돌아간 것이다. 특히 양명학에서 친민은 나 자신이 백성을 친하게 대한다는 것으로 해석되지만, 다산의 친민은 인륜을 밝힘으로써 백성들이 서로 친해져 구시대적인 것을 없애고 새로운 것을 일으킬 수 있다는 신민의 개념까지 포함하는 것으로 보인다.[123] 다산은 지선(至善)을 "모든 정성을 기울인 인륜의 지극한 덕"[124]으로 해석했다.

다산의 해석은 인륜의 실천에 정성을 다해 서로 친함으로써 새로운 미래를 만들어나갈 수 있다고 본 것이다. 그는 수기와 치인이 어우러진 사상을 전개했다. 다산의 경학과 경세학이 별개가 아니고 하나임을 알 수 있는 구체적인 예로 여전제(閭田制)와 성기호설(性嗜好說)을 살펴보자.

---

122 『여유당전서』 제2집 권1. "明明德者 明人倫也."
123 지준호, 「다산 정약용의 대학 이해와 수기치인의 도」, 앞 책, 『다산 경학의 현대적 이해』, pp. 334~335.
124 『여유당전서』 제2집 권1. "至善者 人倫之至德也."

다산의 성기호설은
근대 경제학의 선호이론이다[125]

다산이 살던 시대 민생은 질곡이었다. 삼정(三政)이 문란해져서 백성들의 삶은 상상할 수 없을 정도로 비참했고, 희망이라고는 찾아볼 수 없었다. 삼정은 토지에 대한 세금인 전세(田稅), 병역을 대신하는 군포(軍布), 빈민을 구제하는 환곡(還穀)을 말한다.

전세는 토지 소유자가 내는 세금인데, 소작인인 가난한 농민들에게 사실상 전가되었을 뿐만 아니라 여러 명목으로 부당하게 많은 액수를 부가해 정상 세금의 몇 배가 되었다. 군포의 경우에도 신분제가 흔들리면서 군포를 내지 않는 양반의 수가 늘어나고 군포를 내야 하는 양인의 수가 줄어들어 행정구역 단위로 군포를 부과하자 병역 의무가 없는 노인과 사내아이도 군포를 납부해야 했다. 환곡은 춘궁기에 생활이 어려운 백성들에게 곡식을 빌려주고 가을에 수확한 다음 돌려받는 빈민 구제제도다. 그러나 강제로 빌려주거나, 빌려주지도 않고 비싼 이자를 받는 수탈 수단이 되었다. 다산은 『목민심서』에서 삼정 문란과 관련된 구체적인 부패 상황을 조목조목 기술하고 그 대책을 제시하고 있다.

혁명이 필요한 시대였다. 다산은 정조 23년(1799) 곡산부사로 재직하면서 「전론(田論)」을 작성해 혁명적인 토지제도 개혁과 국민개병제를

125　이 부분의 내용 중 다산의 「전론」은 이덕일, 『정약용과 그의 형제들 2』, 다산초당, 2012, pp. 311~316을 요약·정리한 것이다.

주창했다. 다산은 토지가 소수 양반 지주들의 것이 아니라 하늘이 백성들에게 내려준 공물(公物)이라고 보았다. 소수 부호들이 토지를 독점하고 있는 현실이 문제의 핵심이라고 생각한 다산은 국가가 농사짓는 가난한 사람들에게 토지를 고르게 나누어 주는 방안을 제시했는데, 이것이 여전제다. 여(閭)는 마을을 의미한다. 다산이 「전론」에서 주장한 구체적인 내용은 다음과 같다.

> 농사를 짓는 사람은 전지를 얻도록 하고 농사를 짓지 않는 사람은 전지를 얻지 못하도록 하려면 여전법을 시행해야 우리의 뜻을 이룰 수 있을 것이다. 무엇을 여전이라 하는가? 산골짜기와 하천의 지세를 가지고 경계를 그어 삼고는 그 경계에 포함된 것을 여라 이름하고 …… 여에는 여장(閭長)을 두고 무릇 1여의 전지는 1여의 사람들이 그 전지의 일을 다스리도록 하되, 서로 간의 경계가 없도록 하고 오직 여장의 명령만을 수행하도록 한다. 매양 하루하루 일할 때마다 여장은 그 일수를 장부에 기록해둔다. 추수가 끝나면 무릇 오곡의 곡물을 여장의 당(堂)으로 운반하여 그 양곡을 나누는데, 먼저 국가에 세금을 바치고, 그다음은 여장의 녹봉에 보태고, 그 나머지를 가지고 날마다 일한 것을 기록한 장부에 의해 분배한다.[126]

위 글에서 보는 바와 같이 여전제의 내용은 자명하다. 30여 가구 정도로 한 마을을 이루게 하고 이 마을이 경작할 수 있는 토지를 배정한

---

126 위 책, p. 312.

다음, 공동으로 경작하게 해 세금을 납부하게 하고, 각 가구가 일한 정도에 따라 배분하는 토지제도 개혁이 여전제다. 여전제에 따라 3여를 1리(里)로, 5리를 1방(坊)으로, 5방을 1읍(邑)으로 하고, 각 읍은 현령이 다스리도록 하는 행정구역 개편도 동시에 제안했는데, 이를 군사제도 개편과 연결했다. 1여에 속한 백성을 셋으로 나누어 그중 한 곳에서 돌아가면서 성인 남자를 내어 군사를 편성하고, 나머지 둘은 호포를 내서 실제 군역에 뽑힌 사람의 가족을 먹여 살리자는 구상이다. 이렇게 되면 양반과 상민 모두 당연히 여에 소속되어야 하며 병역 의무도 부담할 수밖에 없기 때문에 양반 사대부의 특권을 인정하지 않는 국민개병제가 된다.

사대부들의 나라인 조선에서 실로 혁명이라고 할 수 있는 사회주의 체제를 천명한 것이다. 신분제 해체를 전제한 개혁이다. 그러나 다산은 기기 제작, 물 관리, 경영, 교육 등 특수한 재능을 가진 사람은 열 배로 우대해야 한다고 주장함으로써 단순한 평등에서 발생할 수 있는 문제들을 방지하고자 했다. 뿐만 아니라 여전제는 기본적으로 여의 자치를 전제하고 있기 때문에 당시 그만큼 향촌사회에 자치할 수 있는 여건이 조성되고 있었음을 반영한 개혁안이라고 할 수 있을 것이다.

또한 다산은 백성들이 스스로 어떤 여에 참여할지를 선택할 수 있도록 해야 한다고 주장했다. 여가 경작할 토지는 비옥도가 다르고, 농민들 상호 간의 친소(親疏) 관계 등도 다를 수 있기 때문에 농민들 각자의 선호에 따라 선택하도록 하자는 주장이다. 이런 식으로 여전제를 8~9년 운영하면 자연히 각 여의 득실을 알게 되어 농민들이 스스로 선택할 것이므로 어떤 여를 선택하든지 일한 양에 따라 균등한 수확물을 배분받게 될 것으로 보았다. 농지가 비옥한 여에는 많은 농민이 모일 것이고, 척박한 여에는 사람이 모이지 않을 것이다. 비옥한 여에 농민이 많이 모이면 수확물 배당이 그만큼 줄어들 것이고, 척박한 여에 농민이 적게 모이면 수확물 배분이 늘어나서 전체적으로 배분이 균등해질 것이라는 논지다. 이렇게 시행해나가면서 수확물 배분이 균등해지도록 필요한 경우 여의 농지 크기도 조정할 수 있다. 다산은 여전제 시행 후 10년 정도 지나 수확물 배분이 균등해지면 호적을 확정할 수 있을 것이라고 예상했다.

왕조시대에 개혁을 추진하면서 백성들이 스스로 개혁안을 선택하도록 한 예는 찾아보기 어렵다. 그 밑바탕에는 개인 자리심(self interest)을 인정하는 사고가 깔려 있다. 다산은 「전론」에서 "백성이 이(利)를 따르는 것은 물이 아래로 흐르는 것과 같다."[127]고 봄으로써 백성들의 자리심을 자연스러운 것으로 인식했다. 자리심에 의한 선택의 결과 모든 여의 수확물 배분이 일한 양에 따라 균등해질 것이라고 본 것은 개인의 자유로운 선택이 시간이 지남에 따라 일종의 균형(equilibrium) 상태에 이를 것이라고 생각한 것이다.

개인은 제약 요건하에서 각자 효용(效用, utility)을 극대화하는 선택을 하며, 그 결과 사회 전체적으로 바람직한 수준의 최적 생산이 이루어지는 균형 상태에 도달한다는 논지는 바로 근대 경제학의 핵심 이론이다. 다산의 사고는 근대 경제학의 핵심 이론인 선택이론(theory of

---

127 『여유당전서』 제1집 권11 「전론」. "民之趨利 流水之趨下."

앨프리드 마셜.

choice)과 일치하고, 균형이론(equilibrium theory)이 반영되어 있다. 즉 다산은 개인이 자신의 효용을 극대화하는 방향으로 선택하면 사회 전체적으로 균형 상태에 도달할 것이라고 보았다. 이 이론을 선호이론(選好理論, preference theory)이라고도 한다. 서양의 경우, 앨프리드 마셜(Alfred Marshall)이 1930년대에 그의 저서 『경제학 원리(Principles of Economics)』에서 정립한 이론이다. 다산은 서양보다 100년 앞서 조선에서 근대 경제학적인 사고로 세상을 바라본 것이다.

다산의 근대 경제학적 사고는 자신의 경학과 밀접하게 관련되어 있다. 다산은 「자찬묘지명」에서 성리학의 핵심인 본연지성(本然之性)을 부인한다.

> 본연지성은 원래 불서(佛書)에서 나온 것으로 우리 유교의 천명(天命)이나
>
> 성(性)과는 서로 빙탄(氷炭)이 되어 함께 말할 수 없는 것이다.

성리학의 본연지성이 유교의 천명지성(天命之性)과는 물과 불처럼 상반되는 것으로, 유교가 아니라 불교 사상이라는 설명이다. 다산은 주희가 "성품은 인간이 하늘로부터 부여받은 이(理)"라고 정의한 것을 부정했다. 성즉리(性卽理)를 부정한 것이다. 대신에 다산은 『맹자요의』에서 "성(性)은 마음이 기호(嗜好)하는 것이다."라고 주장했다.[128] 성기호설을

제시한 것이다. 성은 하늘이 부여한 이가 아니라 인간이 선택할 수 있는 기호라는 주장이다. 인간은 선을 행할 수도 있고 악을 행할 수도 있지만, 선을 좋아하는 성품인 기호를 길러서 선을 실천해야 한다는 철학이 성기호설이라고 할 수 있다. 성기호설은 인간이 자유의지에 따라 선악을 선택할 수 있다는 이른바 자주지권(自主之權)의 바탕이다. 이러한 관점에서 볼 때 다산의 성기호설은 인간의 주체적 선택이 무엇보다도 중요하다고 보는 철학이라고 할 수 있다.

성기호설을 쉽게 설명하면, 인간은 자신이 기호하는, 즉 좋아하는 것을 선택하면 잘할 수 있고 만족할 것이라는 이론이다. 여전제에서 어느 여에 속할 것인가를 선택할 수 있도록 한 것도 성기호설과 합치한다. 이는 다산 경학과 경세학이 별개가 아니고 경세학의 근본이 경학임을 보여주는 대표적인 사례다. 다산이 제시한 개인의 기호를 현대 경제학 용어로 바꾸면 효용이다. 현대 경제학에서는 개인의 효용 극대화가 소비 주체인 개인의 경제적 의사결정의 본질이다. 여의 선택이 바로 효용 극대화의 결과다.

이제 다산에 앞서 18세기 중반 조선 사회상을 비판하고 개혁 방향을 제시한 유수원(柳壽垣, 1694~1755)의 『우서(迂書)』를 살펴보자.

---

128 『맹자요의』 권2. "性者心之所嗜好."

유수원의 『우서』는 빈곤의 경제학이다

『우서』에서 우(迂)자는 세상 물정에 어둡다는 뜻이다. 세상 물정도 모르고 쓴 책이 『우서』라는 의미다. 이 책은 1730년대 조선을 개혁하는 방안을 담고 있지만, 당시 정치·사회적 실정을 고려할 때 그 내용이 도저히 실행될 수 없다고 생각한 저자가 '세상 물정도 모르고 쓴 책' 이라고 이름을 붙인 것이다. 그럼에도 유수원은 이 책을 쓰는 근본 취지(「記論饌本旨」)에서 다음과 같이 기술하고 있다.

> 세간에 반드시 이러한 이치가 있으므로 부득이 말하는 것이니, 시행될 수 있고 없음은 논할 필요가 없는 것이다. …… 마음에 쌓이고 맺힌 바 있으나 이를 펼 수 없어서 부득이 글로 기록하여 스스로 성찰하였던 것뿐이다.[129]

이 책 내용이 세상 사는 이치에 부합하나 현실에서는 실행될 수 없으니 부득이 글로 남긴다는 것이다. 혁명적인 체제 개혁이 그 내용이었기에 현실에서 실행될 수 없다고 본 것이다. 『우서』는 가난한 백성과 힘없는 나라에서 부국안민으로 나아가기 위한 구체적인 체제 개혁론이다. 체제를 개혁하는 총론으로 농업과 상공업 발전을 도모하기 위한 경제 개혁과 이를 위해 신분질서를 철폐하는 사회 개혁을 주장

---

129 유수원, 『우서』, 한영국 역, 재단법인 민족문화추진회, 1982, p. 21.

했다. 신분제는 사대부가 백성을 다
스려야 한다는 성리학의 기본 전제
이므로 이의 철폐는 당시 조선에서
받아들여질 수 없었다.

『우서』 표지.

　유수원은 사농공상의 신분 차별
이 백성과 나라를 가난하게 하는
원인이라고 보았다. 농, 공, 상은 사
에 비해 신분이 낮기 때문에 농민은
농사일을 수치스럽게 여기고, 공인
은 공업을 수치스럽게 여기며, 상인
은 상업을 수치스럽게 여겨 자기 직업에 최선을 다할 수 없는 실정이
므로 가난할 수밖에 없다고 보았다. 게다가 지배층인 사는 과거에 합
격할 만한 실력도 없고 학문에 관심이 없어도 온갖 편법으로 벼슬을
구하고, 고리대, 노비 소송에 매달리는 등 다른 직업을 구하려 하지 않
는 것이 현실이라고 평가했다. 양반인 사가 이렇게 된 이유를 유수원
은 다음과 같이 설명하고 있다.

> 양반이 천업인 농·상·공업에 종사하면 그 교유와 혼인 및 벼슬살이에
> 장애가 없을 리 있겠는가. 사람들이 반드시 저놈은 이미 평민이 되었다
> 고 첫마디를 던지면서 비루하게 여기어 상종하지 않는 것을 걱정할 것이
> 다.[130]

130　위 책, p. 78.

위 글은 양반이 농·상·공업에 종사하면 신분이 떨어지기 때문에 가난해서 비록 비루한 짓을 할지라도 농·상·공업으로 직업을 전환할 수 없는 당시 현실을 기술한 것이다. 유수원은 이렇게 되면 양반 본인이 가난할 뿐만 아니라 국가에도 손해라고 지적한다.

> 국가가 명목으로는 양반을 우대한다고 하나 실제로는 그 손을 묶고 발을 매어 공공연히 굶주리게 할 뿐이다.[131] …… 국가가 이로써 곤란을 받는 것이 양반보다 더한 점이 있다. …… 양반이 농사를 짓지 않고 장사도 하지 않아서 원래 하는 일이 없으니 세금을 징수하고자 하여도 할 수가 없다. 양반을 우대한다는 헛된 명분 때문에 고스란히 국가 재정이 궁핍을 겪고 있으니 이것이 잘못된 것의 하나이다. …… 그러니 양인만이 크게 고통스러운 부담을 지게 될 것은 이치로나 시세로 보아 분명한 것이니 이것이 국가가 잘못하고 있는 또 하나다.[132]

양반이 신분이 떨어질 것을 우려해 일을 하지 않으니 오히려 가난해져서 먹고살 길이 막연해지고, 가난하니 세금을 부과할 수도 없고, 자연히 양인들만 과중한 세금을 물 수밖에 없고, 결과적으로 국가 재정이 궁핍해질 수밖에 없는 구조를 설명하고 있다. 양반인 사의 특권을 폐지하면 양반의 가난도 해소되고 천업에 대한 인식도 개선되어 농민, 상인, 공인의 직업적 자부심도 고취할 수 있을 것이므로 모두에게

---

131 가난한 양반에 대한 이 지적은 앞에서 언급한 이종성의 상소에 나타난 사실과 일치한다.
132 유수원, 앞 책, 『우서』, p. 79.

이로울 뿐만 아니라 국가의 가난도 극복할 수 있을 것이라고 주장한 것이다.

유수원은 문벌의 폐해를 논하면서(「論門閥之弊」) "사농공상은 모두 같은 사민(四民)이다. 만약 이들로 하여금 모두 한가지로 행세하고 살게 한다면 신분의 높고 낮음이 없고 서로 차이도 없을 것이다."라고 갈파했다. 모두 같은 백성이라는 말이다. 사대부의 신분은 하늘이 정해준 것이라는 도그마에 빠진 성리학 세상에서 이러한 신분제 철폐 주장은 받아들여질 수 없는 혁명적 사상이었다. 나아가 유수원은 "무릇 백성의 자제 중에서 준수한 자를 뽑아서 교육해 사를 선발하자."고 주장했다. 사대부 계급 자식들만이 아니라 일반 백성들 자식 중에서 우수한 사람을 선발해서 교육한 다음 벼슬아치로 삼자는 것이었다.

유수원의 개혁론 총론을 요약하면, 신분제를 철폐해 모든 사람이 동등한 대우를 받게 하고, 각자 자신의 능력과 원하는 바에 따라 직업을 선택하게 함으로써 부국안민하자는 주장이다. 이러한 개혁사상을 설파한 유수원의 『우서』는 어떻게 하면 빈곤에서 벗어날 수 있는가 하는 관점에서 보면 빈곤의 경제학이다. 뿐만 아니라, 신분제에서 해방된 시민이 자유의지로 직업을 선택할 수 있도록 하자는 점에서 보면 자본주의적 개혁사상이다.

『우서』는 총론에 이어 농업, 상업, 공업의 진흥책을 구체적으로 제시하고 있다. 제시된 대책들은 모두 생산성을 높이는 데 초점이 맞추어져 있다. 수리(水利)시설을 개선해 농업 생산을 획기적으로 높일 것을 제안했고, 상공업 진흥을 위해서는 대량 유통이 가능하도록 마차와 노새를 활용하고 소액 자본을 모아 대형화할 것을 제안했다. 이는 오늘날의 '규모의 경제(economy of scale)' 실현의 중요성을 설파한 것이다. 유수원은 특히 대자본과 영세 자본이 협력할 것을 주장하면서 상생을 강조했다. 상생경영은 오늘날 우리 경제에서도 실현해야 할 가장 중요한 과제다. 그는 건축을 예로 들어 분업의 이익을 설명하면서 이로 인해 전문성이 확보되고 시간도 크게 단축될 것이라고 설명했다. 그 밖에 관료제도, 토지제도, 조세제도, 교육, 인재 선발, 과거제도 등 사회 전반에 걸친 개혁 방안을 제시했다.

경제적인 측면에서 볼 때 유수원의 『우서』는 중상주의를 주창한 책으로 볼 수도 있다. 당시 농업이 주된 산업이었지만 나라를 부강하게 하기 위해서는 상업과 공업도 동시에 발전해야 한다고 주장했다.

『우서』는 유수원이 스스로 묻고 답하는 대화체 형식으로 쓴 책이다. 특이하게도 토머스 맬서스(Thomas R. Malthus)가 1798년에 출간한 『인구론(An Essay on the Principle of Population)』이 맞지 않다는 논리를 제시하고 있어 우리를 놀라게 한다. 맬서스는 인구는 기하급수적으로 증가하고 식량은 산술급수적으로 증가하기 때문에 가난은 필연적이며, 이를 극복하기 위해서는 인구의 자연증가율을 억제해야 한다고 주장했다. 그러나 유수원은 이 논리가 맞지 않다는 역사적인 증거를 맬서스보다 60년 먼저 제시했다. 유수원은 다음과 같이 스스로 묻는다.

오늘날 민산(民産)이 점차로 궁핍해진 것은 실로 나라가 오랫동안 평안

하여 인구가 크게 불어났기 때문이다. 땅은 좁고 사람은 많아서 그 재산

이 날로 궁핍해진 것인데 어찌 백성이 농사에 힘쓰지 않아서 나타난 결과

라고 할 수 있겠는가?[133]

이 물음에 대해 그는 스스로 다음과 같이 답한다.

세상에는 그렇게 말하는 사람이 많은데 참으로 근거 없는 이야기다. 우주가 있으면서 인민이 있어 왔고, 인민이 있으면서 의식(衣食)이 있어 왔으니 이는 천지자연의 이치다. 어찌 땅이 좁고 사람이 많은 것이 민산을 궁핍하게 만드는 원인일 수가 있겠는가? 삼대(三代)[134] 시절만을 보아도 백성이 정전제(井田制)[135] 속에 살아서 모두가 농토를 지니고 있었다. 그리고 전쟁도 없고 유행병도 없어서 태평한 세월을 수백 년이나 누렸다. 백성이 모두 그 천수를 다하고 그 자손이 크게 번성했을 것은 말할 필요도 없다. 하지만 천하의 농토는 전보다 늘어나지 않았다. 그런데도 당시의 백성들은 9년분의 식량을 저축하는 생활을 했으며, 아직껏 땅이 좁아 곤란을 받았다는 말은 없었다.[136]

이 대답은 가난은 불합리한 토지제도에서 오는 문제이지 인구 증가가 그 원인이 될 수 없다는 논리다. 토지제도를 합리적으로 개편하고, 신분제를 철폐해 농민이 자부심을 가지고 농사짓도록 유도하고,

---

133 위 책, p. 65.
134 중국 고대의 하(夏)·은(殷)·주(周) 세 나라를 말한다.
135 국가가 우물 정(井)자 형태로 토지를 9등분해 여덟 명의 백성에게 나누어 주고, 중앙의 땅을 공동으로 경작해 그 소출을 세금으로 납부하도록 하는 고대의 토지제도다. 왕조시대에 이상적인 제도로 받아들여졌다.
136 유수원, 앞 책, 『우서』, p. 65.

수리시설의 확충 등을 통해 농업 생산성을 높이면 가난을 극복할 수 있다는 유수원 자신의 대책이 인구 증가에 의한 궁핍화를 극복하고도 남는다는 논리가 이 답변에 스며들어 있다. 18세기 유수원의 이러한 논리는 경제학자들이 20세기 들어 터득한 것이다.

신분제를 해체해 양반들도 일하도록 하고, 중상주의적인 경제 개혁안을 제시한 『우서』가 발간되자 유수원이 속했던 소론 정파로부터 크게 환영받았다. 그 결과 유수원은 영조 17년(1741)에 임금을 알현하는 기회를 얻었다. 유수원은 귀머거리였기 때문에 필담으로 대화했다. 이때 유수원은 관제 개혁안과 홍문관이나 승정원 같은 청요직(淸要職)에 근무하는 관리를 3년 주기로 승진시키자는 회천법(回薦法)을 제시했는데, 영조가 크게 만족했다.

유수원의 종합적인 사회 개혁론인 『우서』는 당시 소론을 중심으로 사대부들에게 널리 알려져 있었던 것으로 보인다. 그러나 유수원은 영조 31년(1755) 나주 벽서 사건에 연루되어 역적으로 처형당했다. 이 사건은 노론 정파가 당시 집권당인 소론 정파를 제거하고자 한 공작이었고, 500여 명이 역적으로 처형당했다. 유수원도 소론 강경파여서 처형당했다. 그의 나이 62세였다. 이 사건 이후 『우서』는 금서가 되었다.

유수원은 조선 후기 실학파의 선구자였지만, 그의 사상이 실제 실학파에 어떤 영향을 미쳤는지는 확실하지 않다. 실학파 저작에서 그의 이름이 보이지 않기 때문이다. 그러나 그의 개혁안과 사상이 실학파와 서로 통하기 때문에 그 영향을 부정하기는 어렵다. 『우서』는 금서였지만 필사본 형태로 전해져 왔고, 1970년대에 들어 일반인들에게도 널리 알려졌다. 필사본이 존재했다는 사실 자체가 그의 사상적 명맥이 면면히 이어져 왔음을 의미한다. 유수원이 꿈꾼 세상이 바로 오늘날 우리가 사는 세상이다.

제8장

동양 사상, 서양 자본주의에 영향을 미치다

관중과 조선 후기 실학사상은 신분제의 해방, 개인 이윤 추구 동기 인정, 상공업 진흥 등 서양 자본주의 사상과 근본을 같이하고 있음을 살펴보았다. 유수원과 정약용의 사상에 서양 사상이 영향을 미친 증거는 없다. 관중의 사상은 세계 최초로서 물론 당연히 독자적이다. 그러나 서양의 18세기 계몽주의와 자본주의 사상 형성에는 동양 사상이 큰 영향을 미쳤다. 따라서 조선조 말과 대일 항쟁기에 서양 자본주의가 일제를 통해 우리나라에 들어왔을 당시 조선에 생소한 사상은 아니었을 것이다. 내재적으로 자본주의적 사고가 전승·발아된 상태였고, 서양 자본주의가 동양 사상의 영향을 받은 결과물이었기 때문이다. 동양 사상이 서양 자본주의 사상에 어떻게 영향을 미쳤는지 살펴보자.

예수회 선교사들,
동양 사상을 유럽에 소개하다

유럽 지식인들 중에서 유학을 처음 배운 사람들은 1534년에 설립된 로마 가톨릭교회 선교 단체인 예수회(Society of Jesus) 소속 사제들이다. 당시 중국 명(明)나라에 파견된 마테오 리치[Matteo Ricci, 중국 이름은 이마두(利瑪竇)]가 선구자다.

명나라에 파송되었던 또 다른 선교사인 니콜라스 트리고(Nicolas Trigault)가 마테오 리치가 쓴 『De Christiana expeditione apud Sinas(중국에서의 기독교 선교)』를 번역·편집해 1615년 독일에서 출간함으로써 중국 사상이 서양에 처음 소개되었다. 이탈리아어로 쓴 책을 라틴어로 번역한 이 책은 이후 프랑스어 등 유럽 여러 나라 말로 번역되었다. 이어 가톨릭 신부인 알바레스 세메도(Alvares Semedo)가 1641년에 트리고의 책 내용을 보완해 『Imperio del la China(대중국사)』를 출간함으로써 유럽 사상가들에게 깊은 인상을 남겼다. 이렇게 하여 17세기 중반부터 유럽에서 중국 사상에 관한 지

마테오 리치.

식이 급속도로 축적되기 시작했다.[137]

명나라에 나가 있던 예수회 선교사들은 17세기 중반 유학의 지혜를 서양에 소개하기 위해 중국 항저우(杭州)에 모였는데, 주된 작업은 유학 경전을 번역하는 것이었다. 그들은 1669년에 『대학』, 『논어』, 『중용』 등을 번역해 『Sinarum scientia politico-moralis(중국의 정치도덕학)』라는 제목으로 인도 고아(Goa)에서 출간했다. 고아는 당시 예수회의 아시아 선교 기지였다.

예수회는 종교개혁에 대응해 가톨릭교회를 지키는 것이 설립 목적이었다. 그래서 다른 수도회와는 달리 가톨릭 내에서 개혁적인 입장에 있었다. 예수회는 수도회의 전통적인 수행 방식과 선교 활동에서 불필요한 모습을 탈피하고 시대 흐름에 맞추어 혁신적으로 활동했다. 예수회 선교사들은 특히 중국 등 동양 선교에 적극적이었다. 당시 학문적 능력이 뛰어났던 이들 선교사들은 적응주의 선교 전략을 채택했다. 현지 언어와 문자를 학습해 현지 사상과 문화를 익힌 다음, 지배층이나 지식인들과의 학술적 교류를 통해 교리를 전파한다는 전략이었다. 이러한 선교 전략의 일환으로 유학 경전들이 번역되어 서양에 소개된 것이다.

유학 경전 번역은 처음 부임하는 선교사들에게 중국 사상을 소개하는 것이 목적이었지만, 일이 진행되는 동안 예수회 선교사들 간에 책 내용이 서양의 사상 발전에 실질적으로 기여할 수 있을 것이라

---

137 Arnold H. Rowbotham, "The Impact of Confucianism on Seventeenth Century Europe", *The Far Eastern Quarterly*, May 1945, p. 225.

는 공감대가 형성되었다. 유
럽 통치자들에게 동양 사상
이 좋은 정부를 지향하는 교
과서 역할을 할 것으로 보았
다. 이 책이 많은 사람들의 관
심을 받자 필립 쿠플레(Philippe
Couplet) 등이 개정해 1687년
에『Confucius[138] Sinarum
Philosophus(중국의 철학자 공
자)』라는 제목으로 파리에서
출간했고, 루이 14세에게 봉
정되었다.[139] 1711년에는 프랑
수아 노엘(François Noël) 신부

파리에서 1687년에 출판된『Confucius Sinarum
Philosophus』에 소개된 공자의 모습.

가『맹자』와『효경(孝經)』을 번역해 이미 출판된『대학』,『논어』,『중용』
과 함께 묶어『Sinensis libri classicisex』라는 제목으로 프라하에서
출간했다. 이로써 유학 경전 모두가 유럽에서 번역·출간되었다.

　동양 사상이 서양에 미친 영향은 유럽 사상사 변천과 관련해 살펴
보아야 한다. 14세기에 시작된 문예부흥은 인문주의로 돌아가자는
움직임이었다. 인문주의는 중세 기독교 교리가 속박한 인간성을 해방

138　유학을 Confucianism으로 번역하는데, 이는 공자의 이름인 공부자(孔夫子)의 중국
　　발음을 라틴어로 옮긴 것이다. 부자(夫子)는 스승을 높여 부르는 칭호다.
139　Rowbotham, 앞 글, "The Impact of Confucianism on Seventeenth Century Europe", p.
　　226.

함으로써 비판정신과 자유로운 지식 탐구를 지향했다. 인간 본성을 회복시키고, 인간 존엄성을 고귀한 가치로 인식하고, 인간이 지닌 지혜의 부활을 추구한 것이 문예부흥이었다.

문예부흥으로 촉발된 지적 자극은 종교개혁으로 이어졌다. 1517년에 마틴 루터(Martin Luther)가 가톨릭교회 면죄부 판매를 95개 논조로 비판함으로써 종교개혁이 촉발되었다. 이후 16~17세기에 걸쳐 종교의 자유를 둘러싸고 유럽에서는 내란과 전쟁의 악순환이 계속되었다. 1618년부터 1648년까지 계속된 30년 전쟁 결과 신교도들은 종교의 자유를 얻었다. 프랑스에서 위그노(huguenot)를 탄압하는 등 신교도에 대한 탄압이 이어졌지만, 역사의 흐름을 되돌리지는 못했다. 종교개혁은 가톨릭교회의 속박으로부터 인간의 자유를 추구한 격변이었다고 할 수 있다. 뿐만 아니라 가톨릭교회 중심의 독단적 사고에서 다양성이 용인되는 사회로 발전시킨 동력이었다고도 할 수 있다.

왕이 하느님의 선택으로 세상을 다스린다는 유럽 정치사상과 황제인 천자가 하늘을 대신해 백성을 다스린다는 동양 정치사상은 유사하다. 그러나 중국의 정치·사회 체제에서는 유럽과 달리 황제와 백성 사이에 승려 계급이 없었다. 유럽 선교사들은 유학의 가르침이 기독교의 가르침과 큰 차이가 없다고 보았다. 유학의 철학적 수준과 내용이 그리스 로마 철학과 비교해 손색이 없다고 판단했다.[140] 이런 점들이 중국에서 기독교를 포교하는 데 유리한 여건이라고 판단한 예수회 선교사들은 적극적으로 동양 사상을 연구하고 전파했다. 유학은 종

---

140 위 글, pp. 224~242.

교성이 적고 본질적으로 도덕과 사회적인 가르침이다. 도덕과 정신적인 수양을 강조한 점은 기독교와 대립하지 않았다. 효를 강조하는 유학은 부모를 공경하라는 성경 가르침과 같았다. 자신이 대우받기를 원하면 남을 그렇게 대우하라는 유학의 가르침은 마태복음 7장 12절과 같다.[141] 예수회 선교사들은 유학 중에서 성리학인 신유학(新儒學)을 비난했다. 이는 성리학이 사대부만이 정치를 담당한다는 신분제를 고수하고 원시유학에 비해 종교적인 색채가 강했기 때문인 것으로 보인다. 반면, 기독교와 대립하는 종교적 요소가 적은 공자 시기 원시유학을 지지했다. 예수회 선교사들은 주희의 성리학 저작들은 번역하지 않았다.

유학 경전이 번역되자 유럽의 지성들은 중국이 자애로운 전제정치를 이상으로 한 점을 높게 평가했다. 특히 이 시기는 중국 역사에서 문물이 가장 융성했고 장기간 민생이 안정되었던 청나라 강희제(康熙帝, 재위 1661~1722) 때다. 당시 청나라는 세계 최강대국이었다. 이 시기 유럽 지성들에게는 중국 정치가 닮고 싶은 모델이었을 것이다. 그들은 유학 경전에 포함된 지혜, 분별심, 성실, 효심, 자비심 등이 유럽의 실제 정치에 활용되면 유럽의 전제군주들도 자애로운 정치를 펼칠 수 있으리라고 기대했다.

문예부흥과 종교개혁이 인간을 교회의 속박에서 해방하고자 하는 활동이었기 때문에 정치에 종교가 개재되지 않는 중국 정치사상이 당

---

141 데이비드 문젤로, 『동양과 서양의 위대한 만남 1500~1800』, 김성규 옮김, 휴머니스트, 2009, p. 60.

시 유럽에서 바람직한 정치사상으로 받아들여졌을 것으로 유추할 수 있다. 이러한 관점은 유럽 계몽주의에 의해 계승되었다. 계몽주의는 신과 교회의 권위에 기초한 특권과 제도를 배격하고 인간 이성에 근거한 합리적 사유를 주창한, 17세기 후반에 시작된 철학 사조다. 좀 뒤떨어진 사람을 깨우쳐 인류의 보편적 진보를 도모한 사상이 계몽주의다.

동양 사상, 특히 유학이 유럽 계몽주의에 미친 영향을 살펴보자.

계몽주의자들은
동양 사상에 환호했다

계몽주의 시대에는 다양한 사상과 철학이 출현했다. 근대정신이 꽃핀 시기로, 이른바 제자백가 시대였다. 토머스 홉스(Thomas Hobbes), 존 로크, 몽테스키외(Charles Montesquieu), 볼테르(Voltaire), 프랑수아 케네(François Quesnay), 루소(Jean-Jacques Rousseau), 애덤 스미스 등이 그들이다.

예수회 선교사들의 번역서 중 『Confucius Sinarum Philosophus』가 계몽주의자들에게 가장 큰 영향을 미쳤다. 유학은 기독교처럼 신성을 계시하지는 않지만, 기독교 초기 교회에서 고대 그리스 철학을 활용했듯이 기독교 내용을 풍부하게 할 수 있을 것으로 보았다.

계몽주의는 문예부흥과 종교개혁에서 추구한, 가톨릭교회의 속박으로부터 인간 이성을 되찾자는 사상을 계승했기 때문에 이성을 강조했다. 이러한 움직임의 결과가 이신론(理神論, deism)이다. 이신론은 인간 이성으로 발견하거나 증명된 신을 추구하는 신앙이다. 즉, 기독교 신앙을 이성적인 진리에 한정한 합리주의적 종교관이 이신론이라고 할 수 있다. 이 사상은 허버트(Edward Herbert), 홉스, 로크 등에 의해 확산되어 계몽주의 시대의 대표적인 기독교 사상이 되었다.

이신론은 신의 계시나 교회 예배 의식 등 비이성적인 현상을 배격하고 사람의 타고난 이성으로 습득할 수 있는 종교적 지식 체계만을 인정한다. 이런 관점은 기독교에 내재하는 윤리적 가르침과 보편적인 도덕률을 중시하는 것이다. 사랑, 평등, 박애, 수신 등 기독교 교리의 가르침을 실천함으로써 궁극적으로 구원에 이를 수 있다는 것이다. 계몽주의자들은 중국과 조선 등 유학을 통치 이념으로 삼고 있었던 동양에서는 종교 개입 없이 이런 가치들이 지켜지고 있었다고 이해했다. 따라서 그들이 보기에는 종교적 가르침 없이도 이러한 가치들을 구현한 구체적인 실례가 동양이었다. 유학의 가르침인 효, 사랑, 박애, 수기(修己) 등이 기독교의 가르침과 근본적으로 차이가 없었기 때문이다. 이신론은 신대륙 아메리카에서도 널리 받아들여졌다. 벤저민 프랭클린(Benjamin Franklin)과 토머스 제퍼슨(Thomas Jefferson) 등이 이신론자였던 것은 잘 알려진 사실이다.

계몽주의자들이 볼 때 인간의 이성과 합리성을 회복하려면 기독교의 속박에서 벗어나야 하고, 이를 위해서는 신분제 타파가 필수적이었다. 문예부흥과 종교개혁을 거치면서 유럽에서 중세적 신분제의 굴레가 완화되었지만, 계몽주의 시대에도 신분제는 여전히 힘을 발휘하고 있었다. 프랑스 혁명이 일어날 때도 봉건제에 의한 신분제가 유지되고 있었다. 계몽주의자들은 신분제를 부정하는 공자의 가르침에 주목했다. 공자는 『논어』에서 "가르치는 데는 계급이 없다."[142]고 계급을 부정했다. 주희가 정립한 성리학에서는 사대부가 통치한다는 신분제를 주창했지만, 예수회 선교사들이 번역해 유럽에 소개한 유학은 성리학이 아니었다. 공자는 인간을 군자와 소인으로 구분했을 뿐 신분제를 인정하지는 않았다. 공자의 반신분제 사상이 계몽주의자들 개인 개인에게 어떤 영향을 주었는지는 명확하지 않지만, 공자와 계몽주의자들의 신분제 타파가 궤를 같이하고 있음은 확실하다.

공자는 모두가 행복한 사회인 대동사회(大同社會)를 이상으로 추구했다. 『예기』「예운(禮運)」편에서 공자는 대동사회의 모습을 소상하게 설명하고 있다.

> 대도(大道)가 행해졌던 것과 삼대(三代, 하·은·주)의 밝은 인물들에 대해 구(丘, 공자)가 보지는 못했지만 그 기록은 있다. 대도가 행해졌을 때는 천하가 공공의 것(天下爲公)이었고 어질고 능력 있는 자를 뽑아서 신의를 가르치고 화목을 닦게 하니 사람들은 그 부모만을 홀로 부모로 여기지 않았고, 그 자식만을 자식으로 여기지 않았다. 늙은이는 편안하게 일생을 마치게 했으며, 젊은이는 다 할 일이 있었으며, 어린이는 잘 자라날 수 있었으며, 과부·홀아비·병든 자를 불쌍히 여겨서 다 봉양했다. 남자는 직업이 있었고 여자는 시집갈 자리가 있었으며, 재물을 땅에 버리는 것을 싫어했지만 반드시 자기를 위해 쌓아두지는 않았다. 몸소 일하지 않는 것을 미워했지만 반드시 자기만을 위해 일하지는 않았다. 이런 까닭에 간사한

---

142 『논어』. "敎無類."

꾀가 막혀서 일어나지 못했고, 도둑이 훔치거나 도적들이 난을 일으키지 못했다. 그래서 바깥문을 여닫지 않았으니 이를 일러 대동이라고 한다.[143]

대동사회는 모두가 행복한 사회로, 이른바 태평성대다. 모든 사람이 평등하고 한 가족과 같은 사해형제(四海兄弟)가 되는 사회가 공자가 추구한 대동사회. 나아가 세상이 개인이나 소수 집단 소유가 아니고 구성원 모두의 것이라는 천하위공(天下爲公) 사회가 대동사회의 모습이다. 대동사회는 복지사회다. 일자리가 있고, 절약이 미덕이며, 서로 나누고, 사회적 약자를 돌보는 사회가 대동사회인 것이다. 서기전 5세기경 동양에서 추구한 이런 사상이 17세기 유럽에 알려졌을 때 유럽 지성들이 받은 충격은 상당히 컸을 것이다.

중국을 찬송한 첫 계몽주의자는 독일의 크리스티안 볼프(Christian Wolff)였다. 1721년 볼프는 할레 대학에서 강연하면서 유학을 원용해서 이신론을 설파했다. 그런데 이 대학은 이신론과 대립하는 기독교 경건주의 사상 중심이었다. 볼프와 그 뒤의 프랑스 계몽주의자들은 유학을 통해 이상적인 정부 형태를 만들 수 있다는 생각을 공유했고, 더 나아가 기독교 없이도 도덕을 갖출 수 있다는 생각을 유학을 통해 굳혔다.[144] 18세기 프랑스 계몽주의자들은 유학에 신성한 계시가 없다는 점에 주목해 유학을 위대한 철학으로 소개했다. 자비로운 전제정치를 펼치고 있는 중국 군주의 모습은 계몽주의자들이 유럽에서 추진

143 이덕일, 앞 책,『내 인생의 논어, 그 사람 공자』, pp. 148~149.
144 데이비드 문젤로, 앞 책,『동양과 서양의 위대한 만남 1500~1800』, p. 203.

하고 있던 운동의 훌륭한 모델로 비쳤다.[145] 프랑스의 니콜라 가브리엘 클레르(Nicolas Gabriel Clerc)는 『Yu le Grand et Confucius, Histoire Chinoise[중국의 역사: 대우(大禹)와 공자]』를 출판해 러시아 대공 파벨 1세에게 헌정하면서 16세 황태자에게 고대 중국 성인인 우(禹)를 국가의 도덕적 원형으로 삼을 것을 권했다.[146]

볼테르 등 계몽주의자들은 중국이 유교의 합리적인 가치에 따라 황제가 지배하는 계몽군주제의 본보기라고 주장했다. 이것은 군주가 학자 관료 계층과 국사를 논의해야 한다고 요구하는 것이며, 이는 계몽주의자들이 보는 계몽군주의 본질적인 면이다. 볼테르는 중국 유가 사대부 문화 정신이 유럽을 위한 윤리적이고 정치적인 모델이 될 수 있다고 믿었다. 계몽주의자들은 이성이 종교를 대신하는 특별한 계획을 확산시키는 데 더 큰 관심을 가졌다. 다수의 계몽주의자들은 중국을 도덕과 정치에서 이성이 작용하는 증거라고 생각했다. 그들은 중국인들이 학식을 기초로 관리를 선발했다고 칭송했고, 중국 정부 조직만이 학자 관료들과 상의해 정치하는 강희제 같은 계몽군주를 만들어냈다고 찬양했다. 계시종교를 통하지 않고 옳고 그름을 가르치는 유가 도덕을 높게 평가한 것이다. 사실상 그들은 공자를 자신들의 성인으로 여겼다.[147]

라이프니츠(Gottfried Wilhelm Leibniz)와 같은 당시의 저명한 유럽 지식인들은 자신들이 발견해낸 우주의 진리가 이미 유가철학에 들어 있음

---

145 위 책, p. 148.
146 위 책, p. 198.
147 위 책, pp. 205~207.

을 확신했다. 라이프니츠는 1697년 출간한 『Novissima Sinica(중국의 최근 소식)』에서 유럽은 과학에서 중국보다 앞서 있고 기술 면에서는 중국과 동등하지만, 실천철학에서는 중국에 미치지 못한다고 생각했다. 중국인들에게 계시종교를 가르치기 위해 유럽에서 중국으로 간 선교사들처럼 유럽인들에게 자연종교의 실천을 가르치기 위해 중국에서 유럽으로 오는 선교사도 있어야 한다고 주장했다. 특히 라이프니츠는 『역경』에 관심을 기울여 2진법과 『역경』 64괘가 완전히 대응함을 밝혔다.[148] 사실 64괘는 음양으로 구성되어 있어 0과 1로 구성되는 2진법과 일치한다.

프랑스의 계몽주의자들은 윤리적이고 도덕적인 중국 사회와 유럽의 부패한 가톨릭 사회를 대비시켰고, 벤저민 프랭클린과 토머스 제퍼슨 같은 미국인들은 전통이 깊은 중국 법률 체계와 자연적 귀족정치(natural aristocracy)를 찬탄했다.[149] 자연적 귀족정치는 귀족이 될 수 있는 자격을 혈통이 아닌 천부적 재능으로 보는 엘리트주의다.

왜 서양인들은 중국 문화를 그토록 동경했고, 왜 유가철학을 받아들이려 했을까? 적어도 18세기 말까지 서양인들은 중국 문화를 우월한 것으로 여겼기 때문이다. 예수회 선교사들은 중국이 기독교가 없다는 점만 제외하고 그 밖의 여러 면에서 유럽과 대등하거나 우월하다고 보았다. 16~18세기 중국은 진정으로 세계에서 가장 강하고 큰 나라였다. 반면 유럽은 대부분이 신생 국가들이었고, 미국

---

148 위 책, pp. 161~169.
149 위 책, p. 6.

은 미개척 상태에 있었다.

17~18세기 동서양 문화 교류는 서로 영향을 주고받는 양방향이었다. 그러나 서양의 동양 문화에 대한 동경이 더 강했고, 그 결과 동양을 높게 평가하는 이른바 오리엔탈리즘(orientalism)이 형성되었다. 하지만 유럽인들이 동경의 대상으로 여기던 동양을 19세기 이후 식민지화하면서 그들은 중국에 대한 동경에서 깨어났다.

유럽이 유학을 중심으로 하는 중국 문화를 동경하는 가운데 실제로 중국 사상이 서양 자본주의 경제학에 미친 구체적인 영향을 살펴보자.

자본주의 경제학은
동양 사상의 영향을 받았다

유학에서 자본주의 경제학의 단초를 찾은 사람은 중농주의자로 알려진 프랑스의 프랑수아 케네였다. 7년 전쟁[150]으로 잃어버린 프랑스의 위상을 회복하기 위한 방안을 모색하고 있던 케네는 중국을 모방해 프랑스 경제를 농업 중심으로 재편할 것을 주장했다. 케네는 『Le despotisme de la Chine(중국의 전제제도)』라는 소책자에서 중국 정부가 경제에 대한 간섭을 최소화하고 있음을 찬양하고, 이를 자유방임주의

---

150 7년 전쟁(1756~1763)은 영국과 프랑스의 북미 식민지 쟁탈 전쟁이다. 이 전쟁에서 프랑스가 영국에 패해 퀘벡과 온타리오가 영국으로 넘어갔고, 인도에서도 프랑스가 물러났다.

(laissez-faire)의 기초로 이해했다.[151] 당시 소농민이 주축이었던 중국 농업은 생산성이 높았고, 시장에 공급된 농산물은 정부의 별다른 간섭 없이 소비자들에게 분배되고 있었기 때문에 케네는 이를 자유방임주의로 이해했다. 그는 특히 공자로부터 깊은 감명을 받았다. 중국에서 황제가 학

애덤 스미스.

자 관료들과 국사를 논의하는 것이 플라톤의 이상국가(Republic)의 모습과 유사하다는 것에 깊은 감명을 받았다. 케네는 '프랑스의 공자'라는 명성을 얻었다.

『국부론』을 저술해 사실상 자본주의 경제학의 창시자가 된 애덤 스미스에게도 동양 사상은 큰 영향을 미쳤다. 스미스는 중국에 관한 지식을 두 경로를 통해 습득한 것으로 보인다. 하나는 자신이 구득한 중국 관련 서적을 통해서였다. 그의 서재에는 중국 관련 서적이 많이 있었는데, 그중 308권이 지금 일본 동경대학에 보관되어 있다. 또 하나는 친구인 프랑스 계몽주의자들과의 교류를 통해서였다. 한 사람은 당시 청나라 건륭제(乾隆帝, 재위 1735~1796)와 직접 서신까지 교환했던 볼테르였고, 다른 한 사람은 튀르고(Anne Robert Jacques Turgot)였다. 특히 튀르고는 젊은 중국인 두 명을 사제로 키워 중국에 보내 중국에 관한 52개 항목에 대해 조사하도록 했다. 첫째 항목이 '중국에 부자가

---

151 데이비드 문젤로, 앞 책, 『동양과 서양의 위대한 만남 1500~1800』, p. 206.

얼마나 많은가'였다. 조사 결과를 본 계몽주의자들은 유학의 합리성과 중국의 과거제도에 찬탄을 금치 못했다.[152]

스미스는 국가가 주도하는 중상주의를 논박했는데, 그 논거 대부분이 그가 습득한 중국에 관한 지식이었다. 외국과의 무역을 통해 금과 은을 확보해 국부를 증진하자는 중상주의 사상은 외국에 대해 필연적으로 적대감을 가질 수밖에 없어 국제간에 갈등을 유발한다. 그러나 중국의 번영은 대규모 내수시장과 농업을 기반으로 하는 국부에 기초하고 있었기 때문에 갈등 소지가 줄어든다. 스미스는 특히 당시 중국이 농업을 증진하기 위해 관계시설을 확충하고, 물자 유통을 원활하게 하고자 운하망을 구비한 것이 농업에 기반을 두어도 국부를 증진할 수 있는 구체적인 정책이라고 보았다. 스미스의 정치경제학적 관점이 전적으로 그의 중국에 대한 지식에서 연유한 것은 아니지만, 그가 중국 사례들을 논거로 활용한 것은 사실이다.[153]

스미스는 자연법에 의해서만 제약을 받는 천부적 자유권(natural liberty)에 기초해 자유방임을 주창했는데, 이 자유방임이 중국 도가의 무위자연(無爲自然)으로부터 영향을 받았는지는 확실하지 않지만, 서로 상통하는 것은 분명하다. 무위자연 개념을 지배자에게 적용하면, 임금이 있는지 없는지 잘 모르는 임금[154]이 가장 훌륭한 임금이다. 직접

---

152   William Lockwood, "Adam Smith and Asia", *The Journal of Asian Studies*, May 1964, p. 348.

153   위 글, p. 349.

154   노자(老子)의 『도덕경(道德經)』 제17장에 의하면, 가장 좋은 지도자는 지도자가 있는지 잘 모르는 지도자이고, 그다음은 존경하는 지도자이며, 그다음은 무서운 지도자이며, 최악은 멸시당하는 지도자다[太上不知有之, 其次親而譽之, 其次畏之, 其次侮之].

적으로 규제하지 않으면서도 정치를 잘해서 백성들이 불만이 없어 임금이 있는지 없는지도 잘 모르는 경우가 최상의 상태다. 국가가 자유방임해도 시장을 통해 최적의 상태를 구현할 수 있다는 논리와 상통한다.[155]

스미스는 좋은 사회를 실현하려면 도덕적인 군주가 필요하다는 유학의 왕도정치에 공감하지 않았다. 그러나 그는 맹자의 측은지심(惻隱之心)을 인간 탐욕이 사회를 파멸시키는 것을 방지하는 인간 본성으로 보았다. 측은지심은 그의 저서 『도덕감정론(Theory of Moral Sentiments)』에 나타나 있는 동정심(sympathy)과 차이가 없다. 『맹자』 「공손추장구 상(公孫丑章句 上)」 내용과 애덤 스미스의 『도덕감정론』 제1장 내용을 비교해보자.

맹자가 말씀하시기를, 사람들은 차마 다른 사람들의 고통을 보지 못하는 마음을 가지고 있다. 옛날 왕들은 남의 불행을 가엽게 여기는 마음을 가지고 정사를 폈기 때문에 천하를 다스리는 것이 손바닥 위에서 움직이는 것처럼 쉬웠다. 사람이 남의 불행을 차마 보지 못한다고 하는 까닭은 다음과 같다. 어린애가 졸지에 우물에 빠지려고 할 때 사람들은 모두 측은해하는 마음을 갖는다. 이는 그 어린애의 부모와 알고 지내고 있어서도 아니고, 동네 사람들과 친구들에게 칭송을 받기 위해서도 아니고, 구해주지 않았다는 비난이 두려워서도 아니다. 이로 미루어보아 측은해하는 마음이 없는 사람, 부끄러워하는 마음이 없는 사람, 사양하는 마음이

---

155   Lockwood, 앞 글, "Adam Smith and Asia", p. 350.

없는 사람, 시비를 가리는 마음이 없는 사람은 사람이 아니다.[156]

위 구절은 맹자가 설명한 성선설의 요지다.『맹자』는 1711년에 이미 유럽에서 번역·출간되어 계몽주의자들에게 널리 보급되어 있었다. 애덤 스미스의『도덕감정론』은 1759년에 출간되었는데, 성선설이 여기에 어떻게 기술되어 있는지 다음 구절을 보자.

> 사람들이 타인의 비참함을 보거나 생생하게 인식할 때 느끼는 정서가 연민과 동정인데 이는 인간의 본성에 속한다. 사람들은 자주 다른 사람들이 슬퍼하면 자신도 슬퍼하는데 이는 너무 분명한 현상이기 때문에 구태여 사례를 들어 증명할 필요가 없다. 왜냐하면 인간 본성에서 우러나는 다른 원초적인 열정과 마찬가지로 이 감정은 도덕적이고 인도적인 사람들만이 느끼는 감정이 아니기 때문이다. 그러나 도덕적이고 인도적인 사람들은 연민과 동정을 가장 구체적으로 예민하게 느낄 것이다. 거리낌 없이 법을 어기는 흉포한 악당도 이런 감정이 전혀 없지는 않다.[157]

애덤 스미스의 주장에서는 맹자처럼 우물에 빠지려고 하는 어린애 예를 들지 않았지만, 인간이 본성적으로 선하다고 본 것은 맹자와 같다. 애덤 스미스는 '프랑스의 공자'라고 불린 케네와 긴밀하게 교류했기 때문에 맹자의 성선설을 잘 알고 있었을 것이다.

---

156 이 네 가지 마음이 사단(四端)인데, 측은지심, 수오지심(羞惡之心), 사양지심(辭讓之心), 시비지심(是非之心)이다. 이 사단은 인(仁), 의(義), 예(禮), 지(智)에 각각 대응한다.

157 Adam Smith, *The Theory of Moral Sentiments*, London: A Miller, 1790, Chapter 1.

인간이 본래 선하다는 사실은 인간의 자유와 권위를 인정하는 사고로, 국가가 규제하지 않고 시장에 맡겨두는 게 바람직하다는 자유방임의 전제일 수도 있다. 그러나 애덤 스미스는 본성이 선할지라도 인간은 쉽게 나태해지고 부주의하며 남을 속이려 한다는 점도 인식하고 있었다. 이런 점을 감안한 사회적 통제 장치가 없으면 공익을 훼손하면서 개인이 사익을 추구하게 된다고 보았다. 상인과 제조업자의 독점 추구가 그 예다. 전체를 위해 좋은 것이 개인에게는 좋지 않을 수도 있고, 그 반대일 수도 있다는 이른바 '구성의 모순(fallacy of composition)'을 그는 인식하고 있었다. 이를 위한 해결책으로 개인이 공익을 희생하면서 사익을 추구하지 않도록 하는 동기유인 체제(incentive system)를 구축해야 한다고 주장했다.[158] 따라서 애덤 스미스는 성선설을 한정적으로 신봉하고 있었다고 볼 수 있다. 즉, 경제·사회 전반적으로 볼 때 인간 본성은 선하지만, 개별적으로 보면 반드시 선하지만은 않다고 인식했다고 볼 수 있다. 그는 사익 추구를 전제한 인간의 경제 활동을 인정했지만, 무한정으로 인정하지는 않았다. 이 점은 유학의 공의(公義) 정신을 반영한 것과 같다.

개인 자유의지인 사익 추구에 따른 직업 선택과 교환이 사회적 분업을 가능하게 하고 결과적으로 모두에게 이익이 된다는 애덤 스미스의 분석은 『맹자』「등문공장구 상(滕文公章句 上)」과 비교할 때 예시한 직종이 다를 뿐 내용은 동일하다. 먼저 『국부론』에서 가장 자주 인용되는 구절을 보자.

---

158 Lockwood, 앞 글, "Adam Smith and Asia", pp. 350~351.

우리가 저녁 식사를 기대할 수 있는 것은 정육점 주인이나 양조장 주인, 또는 빵집 주인의 자비가 아니라 그들이 자신들의 이익, 즉 돈벌이에 관심이 있기 때문이다.[159]

이 구절에는 스미스의 인간 본성에 관한 기본적인 인식이 반영되어 있다. 무엇보다도 인간은 보다 더 잘살고 싶어 한다는 점이다. 돈을 벌어 더 잘살고자 일을 선택한다는 것이다. 다음으로 인간은 자신이 가진 것과 남이 가진 것을 교환하고자 하는 본능적인 욕구를 가지고 있다는 점이다. 이 두 본성이 자연스럽게 사회적 분업을 가능하게 한다는 스미스의 관찰이다.

『맹자』「등문공장구 상」내용을 보자.

맹자께서 말씀하셨다. 허자(許子)는 반드시 곡식을 심어서 먹소? 그렇습니다. 허자는 베를 짜서 옷을 입소? 아닙니다. 털로 짠 누추한 옷을 입습니다. 허자는 모자를 쓰오? 씁니다. 무슨 모자요? 흰 모자입니다. 자기가 만드오? 아닙니다. 곡식과 바꿉니다. 왜 자기가 만들지 않소? 농사에 방해가 되기 때문입니다. 허자는 솥과 시루로 밥을 짓고 쟁기로 밭을 가오? 그렇습니다. 솥, 시루, 쟁기를 자기가 만드오? 곡식과 바꿉니다.

애덤 스미스와 맹자는 개인이 각자 자유의지와 여건을 감안해 생산 활동에 종사하고, 서로 부족한 것은 교환함으로써 생활을 영위해나

---

159   토드 부크홀츠, 『죽은 경제학자의 살아 있는 아이디어』, 이승환 옮김, 김영사, 2009, p. 66.

간다는 현실을 동일하게 설명하고 있다. 이런 경제 활동이 가능하려면 직업 선택의 자유가 보장되어야 한다.

중상주의를 기조로 한 대항해 시대 이후 유럽 제국은 국부를 늘리기 위해 금과 은 확보에 골몰했다. 애덤 스미스는 국부의 원천이 무엇인지에 대해 고심했다. 이에 대해 애덤 스미스가 강의 시간에 설파한 내용이 그의 강의를 들었던 학생의 강의 노트에 잘 나타나 있다.

> 노동 분업은 국민의 부를 증대시키는 데 가장 중요한 원인이다. 부란 일반적으로 생각되는 것과 달리 금과 은의 양에 비례하는 것이 아니라 국민의 근면 성실에 비례한다.[160]

애덤 스미스는 금·은이 아닌 노동생산성이 국부의 원천이라고 보았고, 노동생산성을 높이는 구체적인 방법이 노동 분업이라고 설명하고 그 사례를 『국부론』에서 제시했다.

> 핀 제조업에 관해 …… 교육을 받지 못한 노동자는 …… 아무리 노력해도 하루에 핀 20개는커녕 단 한 개도 만들지 못할 것이다. 그러나 오늘날 핀 제조업이 운영되는 방식을 보면, 작업 전체가 하나의 특수한 직업일 뿐만 아니라 그것이 다수의 부문으로 나뉘어 있고, 그것이 또한 각각 특수한 직업을 이루고 있는 것 같다. 한 사람은 철사를 잡아 늘리고, 다른 사람은 그것을 곧게 편다. 그러면 세 번째 사람은 그것을 자르고, 네 번째 사람은

160　위 책, p. 54.

끝을 뾰족하게 만들고, 다섯 번째 사람은 핀 머리를 붙이기 쉽게 다른 쪽 끝을 갈아낸다. 핀 머리를 만드는 데도 두세 가지 다른 공정이 필요하다. 핀 머리를 핀에 올려놓는 것과 이렇게 만들어진 핀을 표백하는 것도 각각 특수한 작업이다. 심지어 완성된 핀을 포장하는 것도 하나의 직업이다. 이런 식으로 핀 하나를 완성하기까지 약 18개의 공정을 거쳐야 한다. 어떤 공장에서는 이 세분화된 공정을 한 사람씩 각각 분담해서 하는 곳이 있다. …… 나는 이런 공정을 열 사람이 나누어서 하는 작은 공장을 견학한 적이 있는데, 이곳에서는 한 사람이 …… 하루에 (평균) 4,800개의 핀을 생산했다.[161]

애덤 스미스가 제시한 이 사례는 오늘날 우리에게 익숙하다. 그러나 『국부론』이 출판된 1776년 이 분석을 접한 독자들은 스미스의 사려 깊은 관찰에 감동했을 것이다. 미국 포드자동차 회사가 20세기 초 분업에 기초한 흐름생산(conveyer belt) 방식으로 자동차를 대량생산하기 시작한 이후 분업은 노동생산성을 확대하는 기본이 되었다. 자본주의 대량생산 방식의 기초가 분업이고, 분업은 곧 부의 원천이다.

분업이 생산성을 높이는 이유는 노동자들이 같은 작업을 반복함으로써 빨리 숙련도를 높일 수 있고, 같은 작업을 반복하기 때문에 작업 준비 시간이 줄어들고, 숙련도가 높아짐에 따라 작업 능률을 향상시킬 수 있는 공구나 기계를 발명할 수 있기 때문이다. 그러나 같은 작업을 단순 반복하는 분업은 필연적으로 인간을 기계에 얽매이게 만들

---

161 위 책, p. 73.

수밖에 없는 이른바 인간소외 현상을 유발한다. 오늘날에는 분업이 이익으로 작용하는 경우와 폐해로 작용하는 경우로 나누어 분업과 통합 중 하나를 선택하게 된다.[162]

노동 분업에 관한 구체적인 내용은 동양 고전에서는 찾을 수 없다. 그러나 애덤 스미스가 노동을 국부의 원천으로 인식하고 그 가치를 높이는 분업을 설파한 것은 자본주의 경제 체제에서는 생산력의 핵심이 노동이라는 사실을 제시한 것이다. 동양 사상에서 노동을 중시한 사람은 관중이다. 관중은 노동의 가치를 잘 아는 농민 중에서 덕망 있고 유능한 사람을 관리로 뽑아 써야 한다고 주장했다. 조선 후기 실학자인 성호 이익은 화폐가 사치를 조장하고, 관리가 탐욕을 쉽게 부리게 하며, 도적이 훔쳐 가기에도 편리하다고 지적했다. 화폐 자체는 노동의 가치와 무관하다고 보는 관점이다. 이익은 노동의 가치를 모르는 사람들이 정치를 하기 때문에 백성들의 질고를 모르므로 농사의 어려움을 아는 자 가운데 인재를 가려 등용해야 한다고 주장했다.[163] 국부의 원천인 노동의 가치를 아는 사람들이 정치에 참여해야 한다는 이익의 주장은 노동에 관한 애덤 스미스의 인식보다 앞선다.

지금까지 살펴본 바와 같이 서양 자본주의 이론을 구성하는 자유방임주의, 시장 역할, 개인 자리심, 사회적 분업 등의 개념은 동양 사상과의 교류의 결과물이다. 문화와 사상은 독자적으로 발전하기도 하지만 교류를 통해 심화되고 성숙되는데, 그 실례가 자본주의 경제학

---

162 허성관,『빛나는 롱런』, 중앙북스, 2008, 제5장 참조.
163 이덕일,「선조들의 화폐관」,『한은소식』, 2016년 2월, p. 17.

의 핵심이 되는 개념들이라고 할 수 있다. 이런 자본주의 기본 개념들이 조선 말기 민중들에게 어떻게 수용되고 있었는지는 더 연구해보아야 할 과제지만, 엘리트 계층에게는 생소한 개념이 아니었을 것이다. 그들은 유학 경전을 잘 알고 있었기 때문이다. 이렇게 볼 때 서양 자본주의 물결이 조선으로 밀려들어 왔을 때 조선 사람들에게 생경한 사상이 아니었을 것이며, 겉으로는 생경했을지라도 쉽게 수용할 수 있었을 것이다.

동양 시스템은 실패하지 않았다

중국 사상을 받아들이는 과정에서 계몽주의자들은 친중국파와 반중국파로 나뉘었다. 18세기 초·중반에는 친중국파가 주류였지만, 18세기 말에 들어서면서 반중국파가 우위를 차지한 것으로 보인다. 몽테스키외와 데니스 디드로(Denis Diderot) 등은 중국에 비판적이었다. 몽테스키외는 중국을 전제주의 체제로 보았다. 몽테스키외는 저서 『법의 정신(The Spirit of the Laws)』(1748)에서 기본적인 정부 형태를 공화정, 군주정, 전제정, 셋으로 분류했다. 공화정은 덕으로 움직이고, 군주정은 명예를 중시하며, 전제정은 공포주의에 기초하고 있다고 보았다. 몽테스키외는 예수회 선교사들이 설명한 중국에 대해 의문을 제기함으로써 반중국파 입장에 섰다.[164] 17~18세기에 중국에 관한 지식을 전파한 선도 기관이었던 예수회는 1814년 파리대학에 중국학 과정이 개설되면서 유럽에서 중국 연구 선도 기관 자리를 대학에 물려주었다.

19세기에 들어서면서 중국과 유럽의 위대한 만남은 종말을 보았다. 모험적인 항해, 새로운 기술, 식민주의 등을 통해 유럽이 다른 세계에 대해 패권을 행사했고, 동시에 중국이 급속히 쇠퇴하기 시작했기 때문이다. 1800년 이전의 '방대하고 위대한 중화제국'이라는 유럽인들의 찬사는 사라지고, 중국은 '수수께끼 같은 알 수 없는 동방'으로 인식되었다. 중국은 단지 과거의 영화로 이국적 정취를 자아내는 근원이 되었고, 더 이상 그 시대의 지식을 제공하는 원천으로는 중요성을 상실했다. 과거 200년 동안 중국 문화가 찬미되기도 했지만, 19세기 들어서는 조소와 경멸의 대상이 되었다. 중국인들은 과거의 전통에 집착하는 존재로 인식되었고, 그 가운데서도 유학은 과거를 그대로 담은 박제품으로 취급되었다.[165]

아편전쟁(1840~1842)을 계기로 중국이 반식민지 상태에 들어가자 유학을 정치·경제의 통치 이념으로 삼은 중국 체제가 서구 제국주의 국가에게는 실패한 체제로 보였고, 결과적으로 중국은 별로 배울 것이 없는 대상이 되고 말았다. 유럽화에 성공한 일본을 제외한 동양은 제국주의 확장과 더불어 조소의 대상이 되었다. 뿐만 아니라 중국에서조차도 유학사상은 급속히 쇠퇴했고, 문화대혁명(1966~1976) 기간에 유학은 금기였을 뿐만 아니라 그 영향력을 대부분 상실했다.

1978년 미국과 수교한 중국의 대외개방 이후 중국 경제가 급속히

164 데이비드 문젤로, 앞 책,『동양과 서양의 위대한 만남 1500~1800』, pp. 208~209.
165 위 책, pp. 222~223.

성장하면서 자연스럽게 사회주의가 퇴조하게 되었다. 그 결과, 사회주의 이념을 기반으로 국가를 이끌어 오던 중국은 국가 정체성이 흔들리는 위기에 직면했다. 최근 들어 중국에서 사회주의의 대안으로 새롭게 제기되고 있는 사상이 유학이다. 대표적인 예로 시진핑은 소강사회(小康社會)를 지향하고 있다. 소강사회는 앞에서 설명한 대동사회보다는 못하지만 예(禮)로 다스리는 사회이기 때문에 그래도 살 만한 세상이다.[166] 이러한 현상은 경제가 번영하면 유학이 인정받고 경제가 쇠퇴하면 유학도 쇠퇴하는 일종의 경제와 유학의 동조현상이다. 이 현상은 자본주의를 발전시킨 근대 유럽 계몽주의 사상과 동양 유학사상이 모두 자본주의 시장경제와 친화적이라는 사실을 잘 보여주고 있다.[167]

중국이 세계 제2의 강대국으로 등장하면서 중국과 서양의 만남은 새로운 전기를 맞이했다. 특히 중국에 대한 서양의 관심과 교류는 급속도로 확대되고 있다. 이러한 교류가 가능했던 것은 서로 수용할 수 있는 동질적인 사상이 존재하고 있기 때문일 것이다. 유학과 자본주의가 시장 친화적이라는 사실이다. 이런 연유로 유학의 영향권에 있었던 아시아 국가들이 제2차 세계대전 후 자본주의 체제 속에서 급속한 경제 성장을 이룩할 수 있었던 것이다.

---

166 『예기』「예운」편에 대동사회와 소강사회가 설명되어 있다. 소강사회는 "예(禮)로써 의(義)를 드러냈으며, 예로써 그 믿음을 이루었으며, 예로써 그 허물을 드러냈으며, 예로써 법을 어질게 했으며, 예로써 겸양을 강설해 백성에게 떳떳함이 있게 했다. 만약 이 예를 따르지 않는 자가 있다면, 비록 집권자라도 백성들로부터 재앙으로 여겨져 멸망당한다. 이를 소강이라 한다."

167 전성호, 앞 책, 『조선시대 호남의 회계 문화』, p. 123.

1.

회계 장부가 없는 조직은 상상할 수 없다. 조직이 움직이는 데는 돈이 들어가고 나가는데, 이를 있는 그대로 기록한 것이 회계 장부다. 따라서 회계 장부가 있어야만 조직이 어떻게 돌아가는지 알 수 있다. 삼성전자, 마이크로소프트, 토요타자동차 등 기업은 회계 장부 없이는 존재할 수 없다. 대한민국 정부는 물론 비영리기관도 회계 장부 없이는 무슨 일을 어떻게 하고 있는지 알 수가 없다.

　오늘날 회계 장부는 바로 복식부기 장부다. 개별 거래의 이중성을 명시적으로 식별해 기록하면 복식부기다. 복식부기는 복잡하지만 그 결과는 명료하다. 조직의 경영 성과와 재무 상태가 복식부기를 통해 명확하게 계산된다. 그러나 있는 그대로 투명하게 기록하지 않고 장부가 조작되면 장부를 신뢰할 수 없기 때문에 조직의 경영 활동도 불신을 받게 되고, 기업은 존립할 수 없게 된다. 이렇게 되면 자본주의 체제 자체가 위협을 받는다. 이런 연유로 베버, 슘페터 등의 석학들은 복식부기가 없었다면 오늘날 자본주의는 존재할 수 없었을 것이라고 복식부기의 가치를 극찬했다.

1929년 발발한 세계 대공황과 1990년대 말의 세계 외환위기는 기업들의 투명하지 않은 회계 장부가 그 원인 중 하나였다. 그래서 세계는 지금도 통일된 복식부기 장부를 기록하는 기준인 국제회계기준을 지속적으로 마련해나가고 있다. 복식부기가 자본주의의 파수꾼이기 때문이다. 복식부기는 인류의 위대한 문화유산이다.

2.

복식부기의 기원은 서양에서는 이탈리아 루카 파치올리의 1494년 저서 『산술, 기하, 비 및 비례 총람』이다. 물론 파치올리가 복식부기를 발명한 것은 아니고, 당시 베니스 상인들의 회계 실무 내용을 기술한 것이다. 동양에서의 기원은 우리나라다. 고려시대에 개성상인들이 복식부기를 사용했다고 전승되어 오다 1916년 현병주 선생이 그 원리를 정리해 『실용자수 사개송도치부법(전)』을 펴냈다. 이 책은 서양의 영향을 받지 않은 우리 고유 복식부기 원리를 설명하고 있다.

현병주 선생의 책이 발표된 이후 조선에 복식부기가 있었는지에 대해 여러 연구가 있었다. 주로 일본 학자들은 조선의 장부 기록 방법인 사개송도치부법이 복식부기가 아니라고 주장했다. 복식부기라고 주장한 학자들도 완전한 실제 장부가 전하지 않아 진실 여부를 규명하지 못했다. 다행스럽게도 개성상인 후예인 박영진가에서 보관하던 완전한 사개송도치부 장부가 2005년에 발견되었다. 이 장부의 기록 기간은 1887년부터 1912년까지다. 이 중에서 회계순환 전 과정을 완전하게 알 수 있는 기간이 9년이다. 이 장부를 분석한 결과 세계에서 가장 오래된 완전한 복식부기 장부로 밝혀졌고, 정부는 등록문화재 587호로 지정했다.

박영진가 장부는 회계순환 전 과정인 분개, 전기, 결산을 복식부기 원리에 따라 정연하게 기록했다. 이익 관련 항목 일부를 재배치하면 현대 회계의 재무제표로 쉽게 전환할 수 있는 이른바 검증 가능한 복식부기다. 물론 현대와 비교해 특수성이 존재하지만 이는 오히려 사개송도치부법의 독창성이며, 복식부기 원리에 어긋나지 않는다. 서양 복식부기의 영향을 받은 흔적도 없다. 중국과 일본에는 고유한 복식부기가 없었다. 조선에서는 최소한 19세기 중반 이전부터 우리 고유 복식부기에 따라 장부를 기록했다. 물론 복식부기가 어느 날 갑자기 발명될 수는 없고 오래 기간에 걸쳐 전승되고 발전되는 것이기 때문에 실제 복식부기가 사용되기 시작한 것은 19세기 중반보다 훨씬 먼저일 것이다. 우리 복식부기 발생 시기가 고려 때라는 주장은 당시 장부가 전하지 않아 증명할 수는 없지만 부정할 수도 없다.

3.

박영진가 복식부기 장부에는 20세기 전후 당시 개성상인의 경영 윤리와 조선 경제의 실상이 잘 나타나 있다. 먼저 진실하고 투명하게 회계 장부를 기록했다. 모든 장부의 기록을 매일매일 사업이 잘되기를 하늘에 기원하는 '일천은상길진'으로 시작했다. 진실하고 투명한 기록을 종교의 경지로 승화시키려 노력한 것이다. 그렇다 보니 당시 경찰인 순검에게 밥 사 준 것까지 기록했다. 나아가서 상생경영을 실천했다. 합작 사업인 인삼포 경영 이익을 동업자들에게 균등하게 배분했는데, 이는 자본, 기술, 경영 노하우의 가치를 동일하게 평가한 결과다. 자본 논리가 지배하는 오늘날의 현실에서 볼 때 이런 경영 관행은 우리 기업인들이 타산지석으로 삼아야 할 내용이다. 또한 당시 시장 이자율이 월 3%가 넘는 현실에서 연 15% 선에서 자금을 융통했다. 박영진가 장부는 혼자 이익을 독차지할 수 없다는 '이불가이독식'이라는 개성상인들의 윤리를 실천한 상생경영의 구체적인 예다. 박영진가 장부는 당시 개성에 신용경제가 정착되어 있었음을 보여주고 있다. 중개기관을 통해 자금을 융통하는 시변제가 작동하고 있었다. 자금거래에는 담보도, 선이자도, 꺾기도 없었다. 어음만 발행하면 필요한 시기에 필요한 자금을 조달할 수 있었다. 그러나 부도가 없었다. 현대 자본주의의 품격을 높이는 데 개성상인의 경영 윤리가 시사하는 바가 크다.

  박영진가 복식부기 장부에는 놀랄 만한 현대 자본주의 경영 기법이 반영되어 있다. 자기자본에 대한 이자를 계산해서 자본에 가산하고,

지급이자를 당기순이익 계산에서 비용으로 차감했다. 이 기회원가는 자기자본비용인데, 오늘날 자본시장회계 관점으로 볼 때 박영진가의 당기순이익은 초과이익이다. 1970년대에 미국에서 본격적으로 논의되기 시작한 초과이익 개념을 개성상인은 19세기 후반에 실제 경영에서 계산하고 있었다.

합작 사업인 인삼포 경영에서는 사업별로 개별원가계산을 실시했을 뿐만 아니라 자기자본비용을 계산한 다음 이익을 산출했기 때문에 인삼포 이익은 오늘날 관리회계에서 일반화된 개념인 순현가다. 개별원가계산을 실시함으로써 원가관리가 가능했고, 원가단위(cost unit)는 인삼포 면적 단위인 칸이었다. 20세기 초 미국에서 대두된 원가단위 개념을 비슷한 시기 개성상인들도 알고 있었다. 박영진가는 1년근 인삼을 종삼포에서 채취해 본포에 이식할 때 시장가격으로 계산했다. 본포와 종삼포 사업에 박영진가가 모두 참여했지만 서로 독립적인 인삼포이기 때문에 가격 수준에 따라 두 인삼포 이익에 영향을 미치게 되는데, 여기에 시장가격을 적용한 것이다. 1년근 인삼은 시장에서 거래되고 있었다. 이것이 이른바 사내 이전가격이다. 1950년대 후반 미국에서 사내 이전가격이 논의되기 시작했고, 외부 시장이 존재하는 경우 시장가격이 기업 전체 이익을 극대화하는 데 최적 이전가격임이 학계에서 확인되었다. OECD에서 이전가격에 가이드라인을 정할 정도로 국제간에도 민감한 주제인데, 개성상인은 19세기 말에 이미 시장가격이 최적임을 알고 실행하고 있었다. 박영진가는 사업 경영의 핵심이 위험관리임도 알고 실천했다.

개성상인의 복식부기 장부에 나타난 투명경영, 상생경영, 신용경영은 오늘날 자본주의가 지향하는 최고 가치다. 19세기 후반에 자본비용을 명시적으로 인식하고, 사내 이전가격에 시장가격을 적용하고, 원가단위별로 원가를 관리하고, 사업 위험을 관리한 사실은 우리 선조들의 경제 활동을 이해하는 데 새로운 지평을 제공해준다. 박영진가의 사업 경영이 자본주의적 사고에 기초하고 있었음이 명백하다. 장부가 복식부기였다는 사실 자체도 자본주의적 경영이었다는 사실을 방증한다.

4.

박영진가 장부에 나타난 자본주의적 경영은 어디에 연유하고 있을까? 경제사학계 일각에서는 일제 강점기에 우리나라의 근대화가 시작되고 자본주의가 도입되었다고 주장하고 있다. 그러나 박영진가의 자본주의적 경영은 일제 강점기 이전이다. 따라서 일제 강점기 이전부터 자본주의적 사고가 우리 안에 내재되어 있었다고 보는 것이 합리적인 추론일 것이다. 자본주의적 사고는 언제부터 우리나라에 전해져 왔을까?

동양 사상의 원형이라고 평가되는 『관자』는 서기전 7세기의 사상을 집대성한 책이다. 이 고대 책이 현대 자본주의적 내용을 포함하고 있다. 자본주의의 핵심인 신분제 해체를 주장하고, 개인의 사익 추구를 인정했으며, 시장의 역할을 강조했다. 『관자』를 지은 관중은 세계 최초의 자본주의 경제학자다. 관중은 분업에 의한 국부의 증대를 역설했고, 유효수요를 창출할 줄 알았고, 시장 기능을 인정해 물가를 조절하고 내수를 증진시켰으며, 화폐 가치 변동 원리를 이해해 활용했고, 자유무역을 옹호했다. 여기에 더해 자본주의 경제 모순을 시정하는 복지 정책을 치밀하게 실행했다. 관중은 현대 경제학 원리를 서기전 7세기에 잘 알고 있었다. 『관자』는 제자백가서의 하나인데, 우리나라에 최소한 5세기 전에 알려진 것으로 추정된다. 선비들의 공부 순서가 경(유학 경전), 사(역사서), 자(제자백가서), 집(개인 문집) 순이었던 데 비추어 볼 때 최소한 고려 때 『관자』의 내용이 전해져 있었음이 확실하다. 조선 후기 성호 이익도 『관자』를 잘 알고 있었다. 자본주의는 오래전부터 조선에 생소한 사상이 아니었다.

조선 후기 실학은 근대화 이론으로서 자본주의적 세계관을 지향했다. 다산 정약용은 합리성을 기준으로 유교 경전을 자유롭게 비판했으며, 인간 평등을 추구하고, 개인 자리심을 인정했다. 특히 다산은 백성을 우선하는 민본주의 사상을 주장했는데, 이는 모든 권력이 국민으로부터 나온다는 주권재민 사상과 다름이 없다. 다산이 주장한 토지 개혁이 여전제인데, 그는 백성들이 어떤 여에 속할 것인지 스스로 선택하도록 해야 한다고 주장했다. 백성들이 선호에 따라 자유롭게 여를 선택함으로써 각 여의 수확물이 균등해지는 균형에 이를 것이라고 본 것이다. 이 관점은 개인이 각자 효용을 극대화하는 방향으로 선택함에 따라 최적 생산이 이루어지는 균형에 도달한다는 근대 경제학의 선호이론보다 100년이나 앞선다. 선호이론은 인간이 자신이 좋아하는 것을 선택하면 잘할 수 있고 만족할 수 있다는, 다산이 주장한 성기호설과 일치한다.

다산의 이러한 사고는 용하기에 나타나 있는 바와 같이 당시 향촌 사회에 뿌리내린 민주적인 의사결정과 무관하지 않을 것이다. 1730년 대에 조선을 혁명적으로 개혁해야 한다고 주장한 유수원의 『우서』가 그린 세상은 오늘날 우리가 살고 있는 세상과 별 차이가 없다. 이를 고려할 때 일제 강점기에 들어온 서양 자본주의 사상이 조선에 생경 하지 않았음이 분명하다.

서양 자본주의 사상은 서양 고유 사상이 아니다. 서양 자본주의 사상 형성에는 동양 사상이 큰 영향을 미쳤다. 중국에 파견된 예수회 선 교사들이 17세기에 유학 경전들을 번역해서 출판하자 유럽 지성들이 큰 관심을 보였다. 중국 정치·사회 체제에는 황제와 백성 사이에 승 려 계급이 없어 정치에 종교가 개재되지 않은 점이 주목을 받았다. 이 런 관점은 교회 권위에 기초한 특권을 배격하고 이성에 근거한 합리적 사유를 주장한 계몽주의자들의 지지를 받았다.

케네가 주장한 중농주의는 중국 농업을 참고했다. 애덤 스미스의 『도덕감정론』에 나타나는 동정심은 맹자의 측은지심으로부터 영향을 받았다. 자유방임주의도 도가의 무위자연과 상통한다. 스미스는 노 동이 국부의 원천이라고 보았는데, 이는 관중의 관점과 동일하다. 동 양 고전에서 노동의 분업을 논하지는 않았지만, 직업 분업은 『관자』 와 『맹자』에 있는 내용과 스미스의 주장에 차이가 없다. 동양 고전들 은 일찍이 개인 자리심에 의한 이익 추구를 인정하고 있었다. 신분제 타파, 개인의 사적 이익 추구, 자유로운 시장 등 서양 자본주의의 핵심 개념들이 유럽에 소개된 동양 고전으로부터 영향을 받은 것은 사실이 다. 이런 연유로 서양 자본주의가 우리나라에 들어왔을 때 당시 조선에 생소한 사상일 수 없었다. 동양 고전이 오래전에 우리나라에 들어와 있었기 때문이다.

5.

이 책은 20세기 전에 복식부기로 기장한 완전한 장부가 조선에 있었고, 이 장부에 자본주의적으로 사고하고 실천한 개성상인의 현대적 경영 기법들이 반영되어 있었음을 요약해 보여주는 책이다. 일제 강점기를 거치면서 우리의 전통적 시스템과 학문은 단절되었다. 이는 나라가 망했기 때문에 우리의 모든 것을 타기(唾棄)해야 할 대상이라고 부지불식간에 인식한 결과일 수도 있다. 그러나 일제가 식민지 지배를 용이하게 하기 위해 우리의 모든 것을 폄하한 식민사관을 주입한 영향이 더 클 것이다.

이 책은 개성상인의 자본주의적 사고가 폄하되고 타기해야 할 대상이 아님을 명확하게 보여준다. 특히 회계 투명성 확보를 신앙의 경지로 승화시키고 상생경영을 실천한 개성상인의 경영 윤리는 오늘날 자본주의의 결함을 치유하기 위해서 전 세계적으로 널리 알려야 할 역사적 사실이다. 아무리 좋은 시스템일지라도 운용하는 사람에 따라 소기의 성과를 보기 어려울 수도 있다. 조선조 내부 통제 시스템은 인류 역사상 왕조 시대에 유례를 찾아볼 수 없는 탁월한 시스템이었다. 그러나 19세기 들어 노론 일당독재가 시작되면서 관료들의 담합으로 조선조 내부 통제 시스템은 완전히 무너지고 나라가 망했다. 국가 경영에서 다양성 상실이란 이처럼 무서운 것이다.

조선에 자본주의에 기초한 복식부기 장부가 있었고, 현대 경제 이론과 다름없는 관중의 경제학이 알려져 있었으며, 조선 후기 실학이 근대를 지향했고, 서양 자본주의가 동양 사상에 힘입은 바가 크다는 사실이 아직 일반에게 널리 알려지지 않았다. 우리 학자들이 한국적 전통이 세계적이라는 사실을 깊이 탐구해 우리의 긍지를 높여야 할 때다.

참고문헌

한국 문헌

사료

『논어고금주(論語古今註)』, 『도덕경』, 『맹자(孟子)』, 『맹자요의(孟子要義)』, 『사기(史記)』, 『삼국사기(三國史記)』, 『속대전(續大典)』, 『수서(隋書)』, 『순자(荀子)』, 『여유당전서(與猶堂全書)』, 『조선왕조실록(朝鮮王朝實錄)』, 『한서(漢書)』.

단행본

공원국, 『춘추전국 이야기 1』, 역사의아침, 2010.

관중, 『관자』, 김필수 외 옮김, 소나무, 2006.

김기호, 『송도치부법사개문서의 개요』, 동광인쇄소, 1986.

데이비드 문젤로, 『동양과 서양의 위대한 만남 1500~1800』, 김성규 옮김, 휴머니스트, 2009.

송희식, 『인류의 정신사』, 삼성경제연구소, 2001.

유수원, 『우서』, 한영국 역, 재단법인 민족문화추진회, 1982.

윤근호, 『한국 회계사 연구』, 한국연구원, 1984.

윤순석·최관·송인만, 『중급재무회계』, 신영사, 2004.

이덕일, 『난세의 혁신 리더 유성룡』, 역사의아침, 2012.

-----, 『내 인생의 논어, 그 사람 공자』, 옥당, 2012.

-----, 『왕과 나』, 역사의아침, 2013.

-----, 『정도전과 그의 시대』, 옥당, 2014.

-----, 『정약용과 그의 형제들 2』, 다산초당, 2012.

이우성, 『한국의 역사상』, 창작과비평사, 1982.

전성호, 『조선시대 호남의 회계 문화』, 다할미디어, 2007.

정약용,『목민심서』, 다산연구회 역, 창작과비평사, 1981.

조익순,『사개송도치부법 전사』, 해남, 2000.

토드 부크홀츠,『죽은 경제학자의 살아 있는 아이디어』, 이승환 옮김, 김영사, 2009.

한국인삼사편찬위원회,『한국인삼사』, 2002.

허성관,『빛나는 롱런』, 중앙북스, 2008.

현병주,『사개송도치부법 정해』, 이원로 역, 다산북스, 2011.

-----,『실용자수 사개송도치부법(전)』, 덕흥서림, 1916.

E. K. 헌트,『자본주의에 불만 있는 이들을 위한 경제사 강의』, 유강은 옮김, 이매
진, 2012.

논문

김인규,「다산 정약용의 학문관 ─ 오학론을 중심으로」, 한국철학사연구회,『다산
경학의 현대적 이해』, 심산, 2004.

문정창,「차인제도와 시변」『경제학연구』, 한국경제학회, 1964.

안윤태,「사개송도치부법 연구의 전개」『영남대학교 대학원 논문집』, 1978.

이덕일,「동양 고전과 현대 아나키즘」, 김성국 외,『지금, 여기의 아나키스트』, 이학
사, 2013.

-----,「선조들의 화폐관」『한은소식』, 2016년 2월.

장승구,「다산 경학의 특성과 연구 현황」, 한국철학사연구회,『다산 경학의 현대적
이해』, 심산, 2004.

전성호,「개성 시변제도 연구 ─ 개성상인 회계장부 신용거래 분석(1887~1900)」, 성
균관대학교 동아시아학술원,『대동문화연구』75집, 2011.

조익순·정석우,「복식부기로서의 사개송도치부법 성립 시기에 관한 탐색」『회계저
널』, 2007.

지준호,『다산 정약용의 대학 이해와 수기치인의 도』, 한국철학사연구회,『다산 경
학의 현대적 이해』, 심산, 2004.

허성관,「박영진가 복식부기 장부의 20세기 전후 삼포(蔘圃)회계와 현대적 경영 사

고」『경영학연구』, 2017년 8월.

-----, 「박영진가의 19세기 말 복식부기 장부의 회계 처리 방법의 진화」『경영학연구』, 2016년 6월.

-----, 「박영진가의 19세기 사개송도치부 장부 회계순환 구조」『회계저널』, 2015년 4월.

-----, 「한국 전통 회계 기록의 책임성과 진실성의 역사적 기원」, 허성관 외, 『한국전통 회계와 내부통제시스템 Ⅱ』, 민속원, 2011.

-----, 「한국 전통 회계 연구의 성과와 과제」『회계저널』, 2014년 2월.

허성도, 사단법인 한국엔지니어링클럽 강연 자료, 2010년 6월 17일.

외국 문헌

Braudel, Fernand, *Civilization and Capitalism 15th-18th Centuries*, vol. Ⅲ, 1979.

Carruthers, Bruce G. and Wendy Nelson, Espeland, "Accounting for Rationality: Double-Entry Bookkeeping and the Rhetoric of Economic Rationality", *The American Journal of Sociology*, July 1991.

Chandler, Jr. Alfred D., *The Visible Hand: The Managerial Revolution in American Business*, Harvard University Press, 1977.

Coase, Ronald H., "Business Organization and the Account", in Buchanan and Thirlby, L.S.E. Essays, 1938.

Garrison, Ray H., Eric W. Noreen, and Peter C. Brewer., *Managerial Accounting*, 13th edition, McGraw-Hill, 2010.

Hasson, C. J., "The South Sea Bubble and Mr. Snell", *Journal of Accountancy* 54, August 1932, pp. 131~132.

Hirshleifer, Jack, "On the Economics of Transfer Pricing", *Journal of Business*,

July 1956.

Jun, Seong-Ho, James E. Lewis, and Sung Kwan Huh, "Korean Double-Entry Merchant Accounts from Kaeseong City(1786~1892)", *Sungkyun Journal of East Asian Studies* 13(2), pp. 105~147.

Littleton, A. C., *Accounting Evolution to 1900*, New York, 1933. Reprinted by Russell and Russell in 1966.

Lockwood, William, "Adam Smith and Asia", *The Journal of Asian Studies*, May 1964.

Pacioli, Luca, *An Original Translation of the Treatise on Double-Entry Book-Keeping*, London, The Institute of Book-Keepers, Ltd, 1924.

Rowbotham, Arnold H., "The Impact of Confucianism on Seventeenth Century Europe", *The Far Eastern Quarterly*, May 1945.

Schumpeter, Joseph, *Capitalism, Socialism, and Democracy*, Harper, 3rd edition, 1962.

Smith, Adam, *The Theory of Moral Sentiments*, London: A Miller, 1790.

Weber, Max, *The Protestant Ethic and the Spirit of Capitalism*, 1929. Scribner's edition translated by Parsons in 1958.

大森研造,「開城簿記の起源について」『經濟論叢』, 第14券 第1號, 1922.

-------,『開城簿記法の 形式と 內容 會計』, 第13卷 第1號, 1923.

森本德榮,『開城簿記の論理』, 森山書店, 1998.

田村流水,「高麗時代に 複式簿記あり」『東京經濟雜誌』, 第76卷 第1911號, 1917.

찾아보기

개성상인의 탄생

초판 1쇄 펴낸 날   2018. 9. 17.

지은이   허성관
발행인   양진호
책임편집   김진희
디자인   전병준
발행처   도서출판 |만권당▉

등 록   2014년 6월 27일(제2014-000189호)
주 소   (04045) 서울시 마포구 양화로 56 동양한강트레벨 718호
전 화   (02) 338-5951~2
팩 스   (02) 338-5953
이메일   mangwonbooks@hanmail.net

ISBN   979-11-88992-01-0 (03910)

이 도서의 국립중앙도서관 출판예정도서목록(CIP)은 서지정보유통지원시스템
홈페이지(http://seoji.nl.go.kr)와 국가자료공동목록시스템(http://www.nl.go.
kr/kolisnet)에서 이용하실 수 있습니다.(CIP제어번호: CIP2018026124)